COMUNIDADE

Obras de Zygmunt Bauman:

- 44 cartas do mundo líquido moderno
- Amor líquido
- Aprendendo a pensar com a sociologia
- A arte da vida
- Babel
- Bauman sobre Bauman
- Capitalismo parasitário
- Cegueira moral
- Comunidade
- Confiança e medo na cidade
- A cultura no mundo líquido moderno
- Danos colaterais
- O elogio da literatura
- Em busca da política
- Ensaios sobre o conceito de cultura
- Estado de crise
- Estranho familiar
- Estranhos à nossa porta
- A ética é possível num mundo de consumidores?
- Europa
- Globalização: as consequências humanas
- Identidade
- A individualidade numa época de incertezas
- Isto não é um diário
- Legisladores e intérpretes
- Mal líquido
- O mal-estar da pós-modernidade
- Medo líquido
- Modernidade e ambivalência
- Modernidade e Holocausto
- Modernidade líquida
- Nascidos em tempos líquidos
- Para que serve a sociologia?
- O retorno do pêndulo
- Retrotopia
- A riqueza de poucos beneficia todos nós?
- Sobre educação e juventude
- A sociedade individualizada
- Tempos líquidos
- Vida a crédito
- Vida em fragmentos
- Vida líquida
- Vida para consumo
- Vidas desperdiçadas
- Vigilância líquida

Zygmunt Bauman

COMUNIDADE

A busca por segurança no mundo atual

Tradução:
Plínio Dentzien

Copyright © 2001 by Zygmunt Bauman

Tradução autorizada da primeira edição inglesa publicada em 2001por Polity Press, em associação com Blackwell Publishers Ltd., de Oxford, Inglaterra

Grafia atualizada segundo o Acordo Ortográfico da Língua Portuguesa de 1990, que entrou em vigor no Brasil em 2009.

Título original
Community: Seeking Safety in an Insecure World

Capa e imagem
Bruno Oliveira

Revisão
Angela das Neves
Carmen T. S. Costa

Dados Internacionais de Catalogação na Publicação (CIP)
(Câmara Brasileira do Livro, SP, Brasil)

Bauman, Zygmunt, 1925-2017
    Comunidade : A busca por segurança no mundo atual / Zygmunt Bauman ; tradução Plínio Dentzien. – 1ª ed. – Rio de Janeiro: Zahar, 2022.

    Título original: Community : Seeking Safety in an Insecure World.
    ISBN 978-65-5979-042-5

    1. Civilização moderna – Século 20 2. Comunidades 3. Segurança (Psicologia) I. Dentzien, Plínio. II. Título.

22-99382   CDD: 302

Índice para catálogo sistemático:
1. Comunidades : Interação social   302

Eliete Marques da Silva – Bibliotecária – CRB-8/9380

[2022]
Todos os direitos desta edição reservados à
EDITORA SCHWARCZ S.A.
Praça Floriano, 19, sala 3001 – Cinelândia
20031-050 – Rio de Janeiro – RJ
Telefone: (21) 3993-7510
www.companhiadasletras.com.br
www.blogdacompanhia.com.br
facebook.com/editorazahar
instagram.com/editorazahar
twitter.com/editorazahar

· Sumário ·

Uma introdução, ou bem-vindos à esquiva comunidade   7

1. A agonia de Tântalo   15

2. A reinserção dos desenraizados   34

3. Tempos de desengajamento ou a
grande transformação, segundo tempo   58

4. A secessão dos bem-sucedidos   72

5. Duas fontes do comunitarismo   83

6. Direito ao reconhecimento, direito à redistribuição   104

7. Da igualdade ao multiculturalismo   125

8. O nível mais baixo: O gueto   153

9. Muitas culturas, uma humanidade?   172

Posfácio   199

Notas   207

Índice remissivo   213

Uma introdução, ou bem-vindos à esquiva comunidade

As palavras têm significado: algumas delas, porém, guardam sensações. A palavra "comunidade" é uma dessas. Ela sugere uma coisa boa: o que quer que "comunidade" signifique, é bom "ter uma comunidade," "estar numa comunidade". Se alguém se afasta do caminho certo, frequentemente explicamos sua conduta reprovável dizendo que "anda em má *companhia*". Se alguém se sente miserável, sofre muito e se vê persistentemente privado de uma vida digna, logo acusamos a *sociedade* — o modo como está organizada e como funciona. As companhias ou a sociedade podem ser más; mas não a *comunidade*. Comunidade, sentimos, é sempre uma coisa boa.

Os significados e sensações que as palavras carregam não são, é claro, independentes. "Comunidade" produz uma sensação boa por causa dos significados que a palavra "comunidade" carrega — todos eles prometendo prazeres e, no mais das vezes, as espécies de prazer que gostaríamos de experimentar mas que não alcança mais.

Para começar, a comunidade é um lugar "cálido", um lugar confortável e aconchegante. É como um teto sob o qual nos abrigamos da chuva pesada, como uma lareira diante da qual esquentamos as mãos num dia gelado. Lá fora, na rua, toda sorte de perigo está à espreita; temos que estar alertas quando saímos, prestar atenção com quem falamos e a quem nos fala, estar de prontidão a cada minuto. Aqui, na comunidade, podemos relaxar — estamos seguros, não há perigos ocultos em cantos escuros (com certeza, dificilmente um "canto" aqui é "escuro"). Numa comunidade, todos nos entendemos bem, podemos confiar no que ouvimos, estamos seguros a maior parte do tempo e raramente ficamos desconcertados ou somos surpreendidos. Nunca somos estranhos entre nós. Podemos discutir — mas são discussões amigáveis, pois todos estamos tentando tornar nosso estar juntos ainda melhor e mais agradável do que até aqui e, embora levados pela mesma vontade de melhorar nossa vida em comum, podemos discordar sobre como fazê-lo. Mas nunca desejamos má sorte uns aos outros, e podemos estar certos de que os outros à nossa volta nos querem bem.

E ainda: numa comunidade podemos contar com a boa vontade dos outros. Se tropeçarmos e cairmos, os outros nos ajudarão a ficar de pé outra vez. Ninguém vai rir de

Uma introdução, ou bem-vindos à esquiva comunidade

nós, nem ridicularizar nossa falta de jeito e alegrar-se com nossa desgraça. Se dermos um mau passo, ainda podemos nos confessar, dar explicações e pedir desculpas, arrepender--nos se necessário; as pessoas ouvirão com simpatia e nos perdoarão, de modo que ninguém fique ressentido para sempre. E sempre haverá alguém para nos dar a mão em momentos de tristeza. Quando passarmos por momentos difíceis e por necessidades sérias, as pessoas não pedirão fiança antes de decidirem se nos ajudarão; não perguntarão como e quando retribuiremos, mas sim do que precisamos. E raramente dirão que não é seu dever ajudar-nos nem recusarão seu apoio só porque não há um contrato entre nós que as obrigue a fazê-lo, ou porque tenhamos deixado de ler as entrelinhas. Nosso dever, pura e simplesmente, é ajudar uns aos outros e, assim, temos pura e simplesmente o direito de esperar obter a ajuda de que precisamos.

E assim é fácil ver por que a palavra "comunidade" sugere coisa boa. Quem não gostaria de viver entre pessoas amigáveis e bem-intencionadas nas quais pudesse confiar e de cujas palavras e atos pudesse se apoiar? Para nós em particular — que vivemos em tempos implacáveis, tempos de competição e de desprezo pelos mais fracos, quando as pessoas em volta escondem o jogo e poucos se interessam em ajudar-nos, quando em resposta a nossos pedidos de ajuda ouvimos advertências para que fiquemos por nossa

Comunidade

própria conta, quando só os bancos ansiosos por hipotecar nossas posses sorriem desejando dizer "sim", e mesmo eles apenas nos comerciais e nunca em seus escritórios — a palavra "comunidade" soa como música aos nossos ouvidos. O que essa palavra evoca é tudo aquilo de que sentimos falta e de que precisamos para viver seguros e confiantes.

Em suma, "comunidade" é o tipo de mundo que não está, lamentavelmente, a nosso alcance — mas no qual gostaríamos de viver e esperamos vir a possuir. Raymond Williams, atento analista de nossa condição comum, observou de modo cáustico que o que é notável sobre a comunidade é que "ela sempre foi". Podemos acrescentar: que ela sempre esteve no futuro. "Comunidade" é nos dias de hoje outro nome do paraíso perdido — mas a que esperamos ansiosamente retornar, e assim buscamos febrilmente os caminhos que podem levar-nos até lá.

Paraíso perdido ou paraíso ainda esperado; de uma maneira ou de outra, não se trata de um paraíso que habitemos e nem de um paraíso que conheçamos a partir de nossa própria experiência. Talvez seja um paraíso precisamente por essa razão. A imaginação, diferente das duras realidades da vida, é produto da liberdade desenfreada. Podemos "soltar" a imaginação, e o fazemos com total impunidade — porque não teremos grandes chances de submeter o que imaginamos ao teste da realidade.

Não é só a "dura realidade", a realidade declaradamente "não comunitária" ou até mesmo hostil à comunidade, que difere daquela comunidade imaginária que produz uma "sensação de aconchego". Essa diferença apenas estimula a nossa imaginação a andar mais rápido e torna a comunidade imaginada ainda mais atraente. A comunidade imaginada (postulada, sonhada) se alimenta dessa diferença e nela viceja. O que cria um problema para essa clara imagem é outra diferença: a diferença que existe entre a comunidade de nossos sonhos e a "comunidade realmente existente": uma coletividade que pretende ser a comunidade encarnada, o sonho realizado, e (em nome de todo o bem que se supõe que essa comunidade oferece) exige lealdade incondicional e trata tudo o que ficar aquém de tal lealdade como um ato de imperdoável traição. A "comunidade realmente existente", se nos achássemos a seu alcance, exigiria rigorosa obediência em troca dos serviços que presta ou promete prestar. Você quer segurança? Abra mão de sua liberdade, ou pelo menos de boa parte dela. Você quer poder confiar? Não confie em ninguém de fora da comunidade. Você quer entendimento mútuo? Não fale com estranhos, nem fale línguas estrangeiras. Você quer essa sensação aconchegante de lar? Ponha alarmes em sua porta e câmeras de tevê no acesso. Você quer proteção? Não acolha estranhos e abstenha-se de agir de modo esquisito ou de ter pensamentos

Comunidade

bizarros. Você quer aconchego? Não chegue perto da janela, e jamais a abra. O nó da questão é que se você seguir esse conselho e mantiver as janelas fechadas, o ambiente logo ficará abafado e, no limite, opressivo.

Há um preço a pagar pelo privilégio de "viver em comunidade" — e ele é pequeno e até invisível só enquanto a comunidade for um sonho. O preço é pago em forma de liberdade, também chamada "autonomia", "direito à autoafirmação" e "à identidade". Qualquer que seja a escolha, ganha-se alguma coisa e perde-se outra. Não ter comunidade significa não ter proteção; alcançar a comunidade, se isto ocorrer, poderá em breve significar perder a liberdade. A segurança e a liberdade são dois valores igualmente preciosos e desejados que podem ser bem ou mal equilibrados, mas nunca inteiramente ajustados e sem atrito. De qualquer modo, nenhuma receita foi inventada até hoje para esse ajuste. O problema é que a receita a partir da qual as "comunidades realmente existentes" foram feitas torna a contradição entre segurança e liberdade mais visível e mais difícil de consertar.

Dados os atributos desagradáveis com que a liberdade sem segurança é sobrecarregada, tanto quanto a segurança sem liberdade, parece que nunca deixaremos de sonhar com a comunidade, mas também jamais encontraremos em qualquer comunidade autoproclamada os prazeres que imaginamos em nossos sonhos. A tensão entre a segurança e a liberdade e, portanto, entre a comunidade e a indi-

Uma introdução, ou bem-vindos à esquiva comunidade

vidualidade, provavelmente nunca será resolvida e assim continuará por muito tempo; não achar a solução correta e ficar frustrado com a solução adotada não nos levará a abandonar a busca — mas a continuar tentando. Sendo humanos, não podemos realizar a esperança, nem deixar de tê-la. Pouco resta fazer para fugir ao dilema — podemos negá-lo por nossa conta e risco. Uma boa coisa a fazer, contudo, é avaliar as chances e perigos das soluções já propostas e tentadas. Armados de tal conhecimento, estaremos aptos ao menos a evitar a repetição de erros do passado; ou mesmo tentar evitar ir muito longe por caminhos que podem ser percebidos por antecipação como sem saída. Uma avaliação desse tipo — provisória e incompleta — é o que tentei neste livro. (Notar o uso abusivo do verbo poder...)

Não seremos humanos sem segurança ou sem liberdade; mas não podemos ter as duas ao mesmo tempo e ambas na quantidade que quisermos. Isso não é razão para que deixemos de tentar (não deixaríamos nem se fosse uma boa razão). Mas serve para lembrar que nunca devemos acreditar que qualquer das sucessivas soluções transitórias não mereceria mais ponderação nem se beneficiaria de alguma outra correção. O melhor pode ser inimigo do bom, mas certamente o "perfeito" é um inimigo mortal dos dois.

Março de 2000

· 1 ·

A agonia de Tântalo

Segundo a mitologia grega, Tântalo, filho de Zeus e de Plutó, tinha excelentes relações com os deuses que frequentemente o convidavam a beber e comer em companhia deles nas festas do Olimpo. Sua vida transcorria, pelos padrões normais, sem problemas, alegre e feliz — até que ele cometeu um crime que os deuses não quiseram (não poderiam?) perdoar. Quanto à natureza do crime, os vários narradores da história discordam. Alguns dizem que ele abusou da confiança divina e revelou aos outros homens mistérios que deviam permanecer ocultos dos mortais. Outros dizem que ele foi arrogante a ponto de se acreditar mais sábio do que os deuses, tendo decidido testar os divinos poderes de observação. Outros narradores ainda acusam Tântalo de roubo de néctar e ambrosia que nunca deveriam ser provados pelos mortais. Os atos imputados a Tântalo são, como vemos, diferentes, mas a razão por que foram considerados criminosos é a mesma nos três casos: Tântalo foi culpado de adquirir e compartilhar um conhecimento a que nem ele nem os mortais como ele deveriam ter acesso. Ou, melhor ainda: Tântalo não se contentou em partilhar a dádiva divina — por presunção e arrogância desejou fazer por si mesmo o que só poderia ser desfrutado como dádiva.

A punição foi imediata; foi também tão cruel que só poderia ter sido inventada por deuses ofendidos e vingativos. Dada a natureza do crime de Tântalo, foi uma lição. Tântalo foi mergulhado até o pescoço num regato — mas quando abaixava a cabeça tentando saciar a sede, a água desaparecia. Sobre sua cabeça estava pendurado um belo ramo de frutas — mas quando ele estendia a mão tentando saciar a fome, um repentino golpe de vento carregava o alimento para longe. (Daí que, quando as coisas desaparecem no momento em que nos parecia que as tínhamos, afinal, ao alcance, nos lamentamos por termos sido "tantalizados" por sua "tantalizante" proximidade.)

Os mitos não são histórias divertidas. Seu objetivo é ensinar por meio da reiteração sem fim de sua mensagem: um tipo de mensagem que os ouvintes só podem esquecer ou negligenciar se quiserem. A mensagem do mito de Tântalo é de que você só pode continuar feliz, ou pelo menos continuar numa felicidade abençoada e despreocupada, enquanto mantiver sua inocência: enquanto desfrutar de sua alegria ignorando a natureza das coisas que o fazem feliz sem tentar mexer com elas, e muito menos "tomá-las em suas próprias mãos". E que se você se atrever a tomar os problemas em suas próprias mãos você nunca poderá reviver a dádiva que só pôde aproveitar no estado de inocência. Aquele objetivo escapará para sempre ao seu alcance.

Outros povos além dos gregos também devem ter chegado a acreditar na eterna verdade dessa mensagem a partir de sua própria experiência; os gregos não foram os únicos a incluí-la entre as histórias que contavam para ensinar e que ouviam para aprender. Uma mensagem muito semelhante deriva da história de Adão e Eva, cujo castigo por terem comido o fruto da Árvore do Conhecimento foi a expulsão do paraíso; e o paraíso era um paraíso porque lá eles podiam viver sem problemas: eles não tinham que fazer as escolhas das quais dependia sua felicidade (ou infelicidade). O Deus judeu podia em certas ocasiões ser tão cruel e impiedoso em sua ira quanto os moradores do Olimpo, e o castigo que destinou à ofensa de Adão e Eva não foi menos doloroso do que o imposto a Tântalo — era apenas, por assim dizer, mais refinado e exigia maior capacidade de interpretação: "Precisarás trabalhar para comer... Ganharás o pão com o suor de teu rosto". Ao anunciar esse veredicto, Deus enfurecido postou, "a leste do Jardim do Éden", "o querubim com a espada flamejante para proteger o acesso à árvore da vida" — para advertir Adão e Eva e sua descendência de que nenhuma quantidade de trabalho ou de suor seria suficiente para trazer de volta a serena alegria despreocupada da ignorância paradisíaca; aquela felicidade primitiva era irremediavelmente perdida uma vez perdida a inocência.

A memória dessa felicidade viria a assombrar os descendentes de Adão e Eva, mantendo-os à espera, contra toda a esperança, da descoberta do caminho de volta. Isso, porém, jamais acontecerá; sobre esse ponto não há desacordo entre Atenas e Jerusalém. A perda da inocência é um ponto sem volta. Só se pode ser verdadeiramente feliz enquanto não se sabe quão feliz se é. Tendo aprendido o significado da felicidade com sua perda, os filhos de Adão e Eva teriam que aprender pela via mais difícil a sabedoria que foi oferecida a Tântalo numa bandeja. O propósito sempre lhes escaparia, por mais próximo (*tantalizantemente* próximo) que lhes pudesse parecer.

No livro que (intencionalmente ou não) convidava a "comunidade" (*Gemeinschaft*) a voltar do exílio a que tinha sido condenada durante a cruzada moderna contra *les pouvoirs intermédiaires* (acusados de paroquialismo, estreiteza de horizontes e fomento à superstição), Ferdinand Tönnies[1] sugere que o que distinguia a comunidade antiga da (moderna) sociedade em ascensão (*Gesellschaft*) em cujo nome a cruzada fora feita era um *entendimento compartilhado por todos os seus membros.* Não um consenso. Vejam bem: o consenso não é mais do que um acordo alcançado por pessoas com opiniões essencialmente diferentes, um produto de negociações e compromissos difíceis, de muita disputa e contrariedade, e murros ocasionais. O entendimento ao estilo comunitário, casual (*zuhanden,* como diria Martin Heidegger), não precisa ser procurado, e muito menos *construído*: esse entendimento já "está lá", completo e pronto para ser usado — de tal modo que nos entendemos "sem palavras" e nunca precisamos perguntar, com apreensão, "o que você quer dizer?". O tipo de entendimento em que a comunidade se baseia *precede* todos os acordos e desacordos. Tal entendimento não é uma linha de chegada, mas o *ponto de partida* de toda união. É um "sentimento recíproco e vinculante" — a vontade real e própria daqueles que se unem; e é graças a esse entendimento, e somente a esse entendimento, que na comunidade as pessoas "permanecem essencialmente unidas a despeito de todos os fatores que as separam".

Muitos anos depois que Tönnies identificou o "entendimento comum" que "fluía naturalmente" como a característica que separa a comunidade de um mundo de amargos desentendimentos, violenta competição, trocas e conchavos, Göran Rosenberg, o sagaz estudioso sueco, cunhou o conceito do "círculo aconchegante" (num ensaio publicado em 2000 em *La Nouvelle Lettre Internationale*) para captar o mesmo tipo de imersão ingênua na união humana — outrora, quem sabe, uma condição humana comum, mas hoje somente possível, e cada vez mais, em sonhos. As lealdades humanas, oferecidas e normalmente esperadas dentro do "círculo aconchegante", "não derivam de uma lógica social externa ou de qualquer análise econômica de custo-benefício". Isso é precisamente o que torna esse círculo "aconchegante": não há espaço para o cálculo frio que qualquer sociedade em volta poderia apresentar, de modo impessoal e sem humor, como "impondo-se à razão". E essa é a razão por que as pessoas afetadas por essa frialdade sonham com esse círculo mágico e gostariam de adaptar aquele mundo frio a seu tamanho e medida. Dentro do "círculo aconchegante" elas não precisam provar nada e podem, o que quer que tenham feito, esperar simpatia e ajuda.

Por ser tão evidente e "natural", o entendimento compartilhado que cria a comunidade (ou o "círculo aconchegante") passa despercebido (raras vezes notamos o ar que respiramos, a menos que seja o ar viciado e malcheiroso de uma peça abafada); ele é, como dizia Tönnies, "tácito" (ou "intuitivo", nos termos de Rosenberg). É claro que um entendimento elaborado e de alguma forma *alcançado* também pode ser tácito, ou tornar-se uma espécie de intuição construída e internalizada. Uma negociação prolongada pode resultar em um acordo que, se obedecido diariamente,

A agonia de Tântalo

pode, por sua vez, tornar-se um hábito que não precisa mais ser repensado, e muito menos monitorado ou controlado. Mas, diferentemente desses sedimentos de tentativas e tribulações passadas, o entendimento que é característico de uma comunidade é tácito "por sua própria natureza": "Isso é assim porque o conteúdo do entendimento mútuo não pode ser expresso, determinado e compreendido... O acordo real não pode ser artificialmente produzido".

Como "comunidade" significa entendimento compartilhado do tipo "natural" e "tácito", ela não pode sobreviver ao momento em que o entendimento se torna autoconsciente, estridente e vociferante; quando, para usar mais uma vez a terminologia de Heidegger, o entendimento passa do estado de *zuhanden* para o de *vorhanden* e se torna objeto de contemplação e exame. A comunidade só pode estar dormente — ou morta. Quando começa a versar sobre seu valor singular, a derramar-se lírica sobre sua beleza original e a afixar nos muros próximos loquazes manifestos conclamando seus membros a apreciarem suas virtudes e os outros a admirá-los ou calar-se — podemos estar certos de que a comunidade não existe mais (ou ainda, se for o caso). A comunidade "falada" (mais exatamente: a comunidade que fala de si mesma) é uma contradição em termos.

Não que a comunidade real, aquela que não foi "produzida artificialmente" ou meramente imaginada, tivesse muita chance de cair nessa contradição. Robert Redfield[2] concordaria com Tönnies que numa verdadeira comunidade não há motivação para a reflexão, a crítica ou a experimentação; mas apressar-se-ia a explicar que isso acontece porque a comunidade é fiel à sua natureza (ou a seu modelo ideal) apenas na medida em que ela é *distinta* de outros agrupamentos humanos (é visível "onde a comunidade começa e onde ela termina"), *pequena* (a ponto de estar à vista de todos seus membros) e *autossuficiente* (de modo que, como insiste Redfield, "oferece todas as atividades e atende a todas as necessidades das pessoas que fazem parte dela. A pequena comunidade é um arranjo do berço ao túmulo").

A escolha dos atributos feita por Redfield não é aleatória. "Distinção" significa: a divisão entre "nós" e "eles" é tanto exaustiva quanto disjuntiva, não há casos "intermediários" a excluir, é claro como a água quem é "um de nós" e quem não é, não há problema nem motivo para confusão — nenhuma ambiguidade cognitiva e, portanto, nenhuma ambivalência comportamental. "Pequenez" significa: a comunicação entre os de dentro é densa e alcança tudo, e assim coloca os sinais que esporadicamente chegam de fora em desvantagem, em razão de sua relativa raridade, superficialidade e transitoriedade. E "autossuficiência" significa: o isolamento em relação a "eles" é quase completo, as ocasiões para rompê-lo são poucas e espaçadas. As três características se unem na efetiva proteção dos membros da comunidade em relação às ameaças a seus modos habituais. Enquanto cada um do trio estiver intacto, é muito pouco provável que a motivação para a reflexão, a crítica e a experimentação possam surgir.

Enquanto... De fato, a remota unidade da "pequena comunidade" de Redfield depende do bloqueio dos canais de comunicação com o resto do mundo habitado. A unidade da comunidade, como diria Redfield, ou a "naturalidade" do entendimento comunitário, como preferiria Tönnies, são feitas do mesmo estofo: de homogeneidade, de *mesmidade*.

Essa mesmidade encontra dificuldades no momento em que suas condições começam a desabar: quando o equilíbrio entre a comunicação "de dentro" e "de fora", antes inclinado para o interior, começa a mudar, embaçando a distinção entre "nós" e "eles". A mesmidade se evapora quando a comunicação entre os de dentro e o mundo exterior se intensifica e passa a ter mais peso que as trocas mútuas internas.

Exatamente essa fissura nos muros de proteção da comunidade se torna trivial com o aparecimento dos meios mecânicos de transporte; portadores de informação alternativa (ou pessoas cuja estranheza mesma é informação diferente e conflitante com o conhecimento internamente disponível) já podem em princípio viajar tão rápido, ou mais,

Comunidade

que as mensagens orais originárias do círculo da mobilidade humana "natural". A distância, outrora a mais formidável das defesas da comunidade, perdeu muito de sua significação. O golpe mortal na "naturalidade" do entendimento comunitário foi desferido, porém, pelo advento da informática: a emancipação do fluxo de informação proveniente do transporte dos corpos. A partir do momento em que a informação passa a viajar independente de seus portadores, e numa velocidade muito além da capacidade dos meios mais avançados de transporte (como no tipo de sociedade que todos habitamos nos dias de hoje), a fronteira entre o "dentro" e o "fora" não pode mais ser estabelecida e muito menos mantida.

De agora em diante, toda homogeneidade deve ser "pinçada" de uma massa confusa e variada por via de seleção, separação e exclusão; toda unidade precisa ser *construída*; o acordo "artificialmente produzido" é a única forma disponível de unidade. O entendimento comum só pode ser uma *realização*, alcançada (se for) ao fim de longa e tortuosa argumentação e persuasão, e em competição com um número indefinido de outras potencialidades — todas atraindo a atenção e cada uma delas prometendo uma variedade melhor (mais correta, mais eficaz ou mais agradável) de tarefas e soluções para os problemas da vida. E, se alcançado, o acordo comum nunca estará livre da memória dessas lutas passadas e das escolhas feitas no curso delas. Por mais firme que seja estabelecido, portanto, nenhum acordo parecerá tão "natural" e "evidente" como nas comunidades de Tönnies e Redfield, por mais que seus porta-vozes ou promotores façam por retratá-lo como tal. Nunca será imune à reflexão, contestação e discussão; quando muito atingirá o status de um "contrato preliminar", um acordo que precisa ser periodicamente renovado, sem que qualquer renovação garanta a renovação seguinte.

A comunidade de entendimento comum, mesmo se alcançada, permanecerá portanto frágil e vulnerável, precisando para sempre de vigilância, reforço e defesa. Pessoas que sonham com a comunidade na esperança de encontrar a segurança de longo prazo que tão dolorosa falta lhes faz em suas atividades cotidianas, e de libertar-se da enfadonha tarefa de escolhas sempre novas e arriscadas, serão desapontadas. A paz de espírito, se a alcançarem, será do tipo "até segunda ordem". Mais do que com uma ilha de "entendimento natural", ou um "círculo aconchegante" onde se pode depor as armas e parar de lutar, a comunidade *realmente existente* se parece com uma fortaleza sitiada, continuamente bombardeada por inimigos (muitas vezes invisíveis) de fora e frequentemente assolada pela discórdia interna; trincheiras e baluartes são os lugares onde os que procuram o aconchego, a simplicidade e a tranquilidade comunitárias terão que passar a maior parte de seu tempo.

Esta parece uma observação que chega às raias da trivialidade: uma vez "desfeita", uma comunidade, ao contrário da fênix com sua capacidade mágica de renascer das cinzas, não pode ser recomposta. E se isso acontecer, não será da forma preservada na memória (mais exatamente, invocada por uma imaginação cotidianamente assolada pela insegurança perpétua) — única forma que a faz parecer tão desejável como uma solução melhor do que qualquer outra para todos os problemas terrenos. Isso parece óbvio, mas a lógica e os sonhos humanos dificilmente andam juntos. E há boas razões, como veremos adiante, para que seus caminhos não sejam convergentes de forma duradoura.

Como observou recentemente Eric Hobsbawm, "a palavra 'comunidade' nunca foi utilizada de modo mais indiscriminado e vazio do que nas décadas em que as comunidades no sentido sociológico passaram a ser difíceis de encontrar na vida real";[3] e comentou que "homens e mulheres procuram por grupos a que poderiam pertencer, com certeza e para sempre, num mundo em que tudo se move e se desloca, em que nada é certo".[4] Jock Young faz uma glosa sucinta e pungente da observação e comentário de Hobsbawm: "precisamente quando a comunidade entra em colapso, a identidade é inventada".[5]

"Identidade", a palavra do dia e o jogo mais comum da cidade, deve a atenção que atrai e as paixões que desperta ao fato de que é a *substituta da comunidade*: do "lar supostamente natural" ou do círculo que permanece aconchegante por mais frios que sejam os ventos lá fora. Nenhuma das duas está à disposição em nosso mundo rapidamente privatizado e individualizado, que se globaliza velozmente, e por isso cada uma delas pode ser livremente imaginada, sem medo do teste da prática, como abrigo de segurança e confiança e, por essa razão, desejada com ardor. O paradoxo, contudo, é que, para oferecer um mínimo de segurança e assim desempenhar uma espécie de papel tranquilizante e consolador, a identidade deve trair sua origem; deve negar ser "apenas um substituto" — ela precisa invocar o fantasma da mesmíssima comunidade a que deve substituir. A identidade brota entre os túmulos das comunidades, mas floresce graças à promessa da ressurreição dos mortos.

Uma vida dedicada à procura da identidade é cheia de som e de fúria. "Identidade" significa aparecer: ser diferente e, por essa diferença, singular — e assim a procura da identidade não pode deixar de dividir e separar. E no entanto a vulnerabilidade das identidades individuais e a precariedade da solitária construção da identidade levam os construtores da identidade a procurar cabides em que possam, em conjunto, pendurar seus medos e ansiedades

Comunidade

individualmente experimentados e, depois disso, realizar os ritos de exorcismo em companhia de outros indivíduos também assustados e ansiosos. É discutível se essas "comunidades-cabide" oferecem o que se espera que ofereçam — um seguro coletivo contra incertezas individualmente enfrentadas; mas sem dúvida marchar ombro a ombro ao longo de uma ou duas ruas, montar barricadas na companhia de outros ou roçar os cotovelos em trincheiras lotadas, isso pode fornecer um momento de alívio da solidão. Com resultados bons ou maus, ou sem eles, alguma coisa pelo menos foi feita; podemos obter algum consolo de ter recusado servir de alvo imóvel e de ter levantado a mão contra os golpes. Não é de surpreender, pois, que — como nos adverte Jonathan Friedman — em nosso mundo que rapidamente se globaliza "uma coisa que não está acontecendo é o desaparecimento das fronteiras. Ao contrário, elas parecem ser erguidas em cada nova esquina de cada bairro decadente de nosso mundo".[6]

A despeito do que dizem os guardas de fronteira, as fronteiras que eles protegem não foram traçadas para defender a singularidade das identidades já existentes. Como explicou o grande antropólogo norueguês Frederick Barth, o oposto é a regra: as identidades "comunitárias" ostensivamente compartilhadas são subprodutos ou consequências do infindável (e por essa razão tanto mais febril e feroz) processo de estabelecimento de fronteiras. Só depois que os marcos de fronteira são cravados e as armas estão apontadas contra os intrusos é que os mitos sobre a antiguidade das fronteiras são inventados e as recentes origens culturais e políticas da identidade são cuidadosamente encobertas por "narrativas da gênese". Esses estratagemas tentam contornar o fato de que (para citar Stuart Hall)[7] uma coisa que a ideia de identidade *não* indica é um "núcleo estável do eu, desenrolando-se do começo ao fim através de todas as vicissitudes de uma história sem mudança".

Os contemporâneos em busca da comunidade estão condenados à sina de Tântalo; seu objetivo tende a escapar-lhes, e é seu esforço sério e dedicado que faz com que lhes escape. A esperança de alívio e tranquilidade que torna a comunidade com que sonham tão atraente será impulsionada cada vez que acreditam, ou lhes é dito, que o lar comum que procuravam foi encontrado. Às agonias de Tântalo se juntam, tornando-as ainda mais sofridas, as de Sísifo. "A comunidade realmente existente" será diferente da de seus sonhos — mais semelhante a seu contrário: aumentará seus temores e insegurança em vez de diluí-los ou deixá-los de lado. Exigirá vigilância vinte e quatro horas por dia e a afiação diária das espadas, para a luta, dia sim, dia não, para manter os estranhos fora dos muros e para caçar os vira-casacas em seu próprio meio. E, num toque final de ironia, é só por essa belicosidade, gritaria e brandir de espadas que o sentimento de *estar em uma comunidade*, de *ser uma comunidade* pode ser mantido e impedido de desaparecer. O aconchego do lar deve ser buscado, cotidianamente, na linha de frente.

É como se a espada colocada a Leste do Éden ainda estivesse lá, movendo-se de maneira sinistra. Você ganhará o pão de cada dia com o suor de seu rosto — mas não há suor que faça reabrir o portão fechado que levaria à inocência comunitária, à multiplicação fundadora do mesmo e à tranquilidade.

Não é que paremos de bater naquele portão, na esperança de abri-lo à força. Não enquanto estivermos como hoje estamos e enquanto o mundo que habitamos for como é hoje.

Usando o desenho de Klee como inspiração, Walter Benjamin faz a seguinte descrição do "Anjo da História":

sua face se volta para o passado. Onde percebemos uma sequência de eventos, ele vê uma única catástrofe que empilha destroços sobre destroços e os lança a seus pés. O anjo gostaria de ficar, acordar os mortos e reconstituir o que foi destruído. Mas do Paraíso sopra a tempestade; ela tomou suas asas com tal violência que o anjo já não as pode fechar. Essa tempestade o empurra irresistivelmente para o futuro para o qual suas costas estão voltadas, enquanto a pilha de escombros à sua frente sobe até o céu.[8]

O Anjo da História se movimenta com as costas voltadas para o futuro e com os olhos postos no passado. Movimenta-se porque desde que deixou o Paraíso não pode parar — ainda não viu nada suficientemente agradável que o faça querer parar e admirar com tranquilidade. O que o mantém em movimento é o desgosto e a repulsa pelo que vê: os visíveis horrores do passado e não a atração de um futuro que ele não pode ver com clareza nem apreciar de forma plena. O progresso, Benjamin dá a entender, não é a perseguição de pássaros no céu, mas uma urgência frenética de voar para longe dos cadáveres espalhados pelos campos de batalha do passado.

Se a leitura que Benjamin faz do significado do "progresso" é correta, como acredito que seja, então — no que diz respeito à felicidade humana — a história não é uma linha reta nem um processo cumulativo, como a célebre "versão progressista" gostaria que acreditássemos. Como a repulsa e não a atração é o principal motor da história, a mudança histórica acontece porque os humanos estão mortificados e irritados pelo que acham doloroso e desagradável em sua condição, porque não querem que essas condições persistam e porque procuram uma maneira de

Comunidade

aliviar e reverter seu sofrimento. Livrar-nos do que, momentaneamente, mais nos aflige traz alívio — mas um alívio em geral transitório, uma vez que a "nova e melhorada" condição rapidamente revela seus aspectos desagradáveis, previamente invisíveis e imprevistos, e traz com ela novas razões de preocupação. Além disso, o alimento de uns é o veneno de outros, e as pessoas em fuga quase nunca encontram a unanimidade na seleção das realidades que precisam de atenção e reforma. Cada passo que nos afasta do presente será visto por alguns com entusiasmo e por outros com apreensão. "Progresso" é um membro importante da família dos "conceitos vivamente contestados". O balanço do passado, a avaliação do presente e a previsão dos futuros são atravessados pelo conflito e eivados de ambivalência.

Há boas razões para conceber o curso da história como pendular, mesmo que em relação a certos aspectos pudesse ser retratado como linear: a liberdade e a segurança, ambas igualmente urgentes e indispensáveis, são difíceis de conciliar sem atrito — e atrito considerável na maior parte do tempo. Essas duas qualidades são, ao mesmo tempo, complementares e incompatíveis; a chance de que entrem em conflito sempre foi e sempre será tão grande quanto a necessidade de sua conciliação. Embora muitas formas de união humana tenham sido tentadas no curso da história, nenhuma logrou encontrar solução perfeita para uma tarefa do tipo da "quadratura do círculo".

A promoção da segurança sempre requer o sacrifício da liberdade, enquanto esta só pode ser ampliada à custa da segurança. Mas segurança sem liberdade equivale a escravidão (e, além disso, sem uma injeção de liberdade, acaba por ser afinal um tipo muito inseguro de segurança); e a liberdade sem segurança equivale a estar perdido e abandonado (e, no limite, sem uma injeção de segurança, acaba por ser uma liberdade muito pouco livre). Essa circunstância provoca nos filósofos uma dor de cabeça sem cura conhecida. Ela também torna a vida em comum um conflito sem fim, pois a segurança sacrificada em nome da liberdade tende a ser a segurança dos *outros*; e a liberdade sacrificada em nome da segurança tende a ser a liberdade dos *outros*.

· 2 ·

A reinserção dos desenraizados

Pico della Mirandola pôs no papel o texto de uma fala que nem Deus, que falava, nem Adão, seu interlocutor, registraram. É mais ou menos assim: "As outras criaturas têm uma natureza definida que foi prescrita por mim. Você pode determinar seus próprios limites de acordo com sua vontade... Como um artífice livre e soberano, você pode construir sua própria forma a partir de sua própria substância". A mensagem desta fala não registrada constituiu uma novidade muito positiva para os homens de substância, mas nem tão positiva para todo o resto, que não tinha substância suficiente a partir da qual "construir sua própria forma" livremente e "de acordo com sua própria vontade". Era o ano de 1486, na Itália que enviava seus navios para os recantos mais longínquos do mundo para que os donos dos navios, os cortesãos e os passageiros (mas não os marinheiros, nem os estivadores) pudessem enriquecer e considerar o mundo como sua ostra. A individualidade moderna do cânone eclesiástico: o Deus da Bíblia significava uma sentença de existência livre e solta como retribuição e punição. O Deus renascentista que falava através de Pico retratava essa sentença como recompensa e Ato de Graça. Se o texto bíblico não passava de uma meia verdade, sua correção renascentista não era melhor.

Em seu estudo da nova era de desigualdades, Jean-Paul Fitoussi e Pierre Rosanvallon refletem sobre a "ambivalência do individualismo moderno":

> Ele é, ao mesmo tempo, um vetor da emancipação dos indivíduos, que estimula sua autonomia e os torna portadores de direitos, e um fator de insegurança crescente, fazendo com que todos sejam responsáveis pelo futuro e obrigados a dar à vida um sentido não mais predeterminado a partir de fora.[1]

Fitoussi e Rosanvallon não foram os primeiros a notar a face de Jano da individualização que viria a se tornar a marca registrada da modernidade (pelo menos a europeia), mas expressaram o conflito interior de que ela é portadora de modo mais cortante que a maioria dos escritores. Como os outros pontos de partida reunidos sob a rubrica do "processo civilizador"; a individualização foi, no que diz respeito aos valores humanos, uma troca. Os bens trocados no curso

Comunidade

da individualização eram a segurança e a liberdade: a liberdade era oferecida em troca da segurança — embora não parecesse assim desde o começo e certamente não fosse assim percebida por Pico della Mirandola e outros, que observavam e falavam do ponto de vista de elevadas torres de observação que os murmúrios audíveis "lá de baixo" não conseguiam atingir. Dados seus novos recursos e, portanto, sua autoconfiança, a liberdade parecia aos grandes e poderosos a melhor garantia imaginável da segurança; nem é preciso dizer que a receita para liberdade e segurança *simultâneas* era romper as últimas amarras. A liberdade não parece oferecer riscos enquanto as coisas obedientemente seguem o caminho que desejamos. Afinal, a liberdade é a capacidade de fazer com que as coisas sejam realizadas do modo como queremos, sem que ninguém seja capaz de resistir ao resultado, e muito menos desfazê-lo.

O concubinato entre liberdade e segurança é visto de modo diferente quando olhado do ponto de vista dos muitos que se encontram na situação de compartilhar o destino dos escravos hebreus no Egito, a quem o faraó dizia que deviam continuar a produzir tijolos enquanto lhes negava a palha de que precisavam para que os fizessem; homens e mulheres que achavam inúteis os direitos que supostamente tinham quando se tratava de obter o sustento. A individualização podia ser pródiga e generosamente indiscriminada

A reinserção dos desenraizados

ao conceder o dom da liberdade pessoal a qualquer mão que se estendesse — mas o pacote de liberdade *cum* segurança (ou, melhor, segurança *através* da liberdade) não estava em geral incluído. Só estava disponível para um grupo seleto de fregueses. A chance de desfrutar da liberdade sem pagar o duro e proibitivo preço da insegurança (ou pelo menos sem que os credores exigissem o pagamento no ato) era um privilégio para poucos; mas esses poucos deram o tom da ideia de emancipação para os séculos ainda por vir. Esse tom só começou a mudar de modo perceptível depois que um longo período de "aburguesamento" genuíno ou suposto do proletariado se deteve e começou a dar para trás, no momento em que o gradual mas incessante processo de "proletarização da burguesia", como sugere Richard Rorty, começava a acontecer.

Isso não significa que os poucos privilegiados que podiam desfrutar simultaneamente da liberdade pessoal e da segurança existencial (luxo negado ao resto) não tivessem razões para descontentamento. A longa série de estudos de caso de Sigmund Freud pode ser lida como "livro de reclamações" dos ricos e poderosos que, tendo conquistado o mundo exterior, achavam mais odiosas e insuportáveis as duras, insistentes e repetidas resistências dentro de suas próprias casas (e particularmente em seus quartos de dormir). *O mal-estar da civilização* resume suas reclama-

Comunidade

ções: para desfrutar dos dons gêmeos da liberdade social e da segurança pessoal, é preciso jogar o jogo da sociabilidade segundo regras que negam livre curso à luxúria e às paixões. Na "política-vida" dos pacientes de Freud (como Sigmund Freud diria, se os termos de Anthony Giddens estivessem disponíveis naquela época) o conflito épico entre a liberdade e a segurança aflora acima de tudo, e talvez exclusivamente, como repressão sexual. Apresentando os limites socialmente impostos ao desejo sexual como a última trincheira contra a liberdade, o Freud de *O mal-estar* afirma sua inevitabilidade. Identificados e nomeados, poderiam ser facilmente reformulados como itens adicionais do "inacabado projeto da modernidade": As fortificações defensivas, ostensivamente necessárias, da vida civilizada logo se tornaram o próximo alvo estratégico das lutas pela emancipação; novos obstáculos a serem removidos do caminho do progresso inevitável da liberdade.

Pouco tempo antes de escrever *O mal-estar da civilização*, Freud mandou para impressão outra grande síntese: *O futuro de uma ilusão*. Em conjunto, os dois livros marcam uma mudança nos interesses de Freud. Como ele mesmo admite, depois de um longo desvio psicoterapêutico, armado com os insights acumulados no correr da prática psicanalítica, ele volta aos problemas culturais que o fascinavam de há muito. Diferentemente de *O mal-estar*, que é uma tentativa de articular o choque entre a liberdade e a segurança sedimentado nas neuroses dos pacientes da psicoterapia, *O futuro de uma ilusão* lança uma rede mais ampla. Mais exatamente, tenta desenvolver um argumento para a inevitabilidade dos limites sociais à liberdade humana, baseado na "análise objetiva" da condição de todos aqueles que nunca visitariam as clínicas de psicanálise. Freud não tinha experiência clínica dos tipos de pessoas que, em seu argumento, tornariam as limitações inevitáveis; mas pela natureza do argumento desenvolvido em *O futuro de uma ilusão* essa experiência não era necessária. O foco do interesse de Freud aqui era o que mais tarde Talcott Parsons chamaria de "pré-requisitos funcionais" do sistema — e, assim, Freud podia, como fez, deixar de lado as notas das sessões psicanalíticas e basear-se diretamente na velha e venerável tradição pós-hobbesiana da "opinião esclarecida" (mais precisamente, folclore intelectual) que era unânime em sua convicção de que, embora alguns espécimes seletos da humanidade pudessem dominar a arte do autocontrole, todos os demais, e isso quer dizer a vasta maioria, precisavam da coerção para continuar vivos e permitir que os outros vivessem.

O futuro de uma ilusão[2] segue a mesma suposição que alguns meses depois serviria como ponto de partida de *O mal-estar*: "Toda civilização deve ser construída sobre a coerção e a renúncia ao instinto". Freud toma cuidado, porém, "em distinguir entre privações que afetam a todos e privações que não afetam a todos, mas apenas a grupos, classes e mesmo indivíduos singulares". Ele coloca na primeira categoria os tipos de sofrimentos que mais tarde apresentará de maneira mais completa em *O mal-estar* — tribulações entrevistas durante sessões psicanalíticas com a seleta clientela vienense, mas de qualquer maneira consideradas como não dependentes de classe e, portanto, compartilhadas por todos. As privações, amarga e, às vezes, violentamente ressentidas do segundo tipo (não universais, dependentes de classe), derivam do fato de que numa dada cultura "a satisfação de uma porção de seus participantes depende da supressão de outra porção, talvez maior". Sem as privações do primeiro tipo, a civilização parecia a Freud logicamente incoerente e, portanto, inconcebível. Mas ele parecia também não ter esperança de que alguma civilização pudesse deixar de recorrer à coerção do segundo tipo; isso porque, na opinião que Freud compartilhava com os fundadores e gerentes da ordem moderna,

> as massas são preguiçosas e pouco inteligentes; não têm amor pela renúncia aos instintos, e não podem ser convencidas pelo argumento de sua inevitabilidade; e os indivíduos que as compõem se apoiam mutuamente e dão livre curso à sua indisciplina...

A reinserção dos desenraizados

Em suma, há duas características humanas generalizadas que são responsáveis pelo fato de que as regras da civilização só podem ser mantidas por certo grau de coerção — que os homens não têm uma inclinação espontânea para o trabalho e que os argumentos de nada valem contra suas paixões.

São, como se diz, "dois pesos e duas medidas"; no caso das "massas", naturalmente preguiçosas e surdas à voz da razão, a recusa a dar livre curso a suas inclinações naturais é uma bênção. No que lhes diz respeito, a sabedoria herdada dos tempos modernos ensaiada em *O futuro de uma ilusão* não contempla a renegociação da porção de liberdade permitida. A rebelião das massas não é como as neuroses individuais sofridas em solidão pelos clientes sexualmente reprimidos das clínicas psicanalíticas. Não é caso para psicoterapia, mas para a lei e a ordem; não é tarefa de psicanalistas, mas de polícia.

O moderno arranjo — capitalista — do convívio humano tinha uma forma de Jano: uma face era emancipatória, a outra coercitiva, cada uma voltada para um setor diferente da sociedade. Para os companheiros de Pico della Mirandola, a civilização era o toque de clarim para que cada um "fizesse de si o que desejasse", e impor limites a essa liberdade de autoafirmação seria talvez uma obrigação inevitável e lamentável da ordem civilizada, mas um preço

Comunidade

que valia a pena pagar. Para as "massas preguiçosas e tomadas pelas paixões" a civilização significava, antes e acima de tudo, o controle das predileções mórbidas que se supunha que tivessem e que, se liberadas, acabariam com a ordeira coabitação. Para os dois setores da sociedade moderna, a autoafirmação oferecida e a disciplina demandada vinham misturadas em proporções marcadamente diferentes.

Para dizê-lo de maneira curta e grossa: a emancipação de alguns exigia a supressão de outros. E foi isso exatamente o que aconteceu: esse acontecimento entrou para a história com o nome um tanto eufemístico de "revolução industrial". As "massas" tiradas da velha e rígida rotina (a rede da interação comunitária governada pelo hábito) para serem espremidas na nova e rígida rotina (o chão da fábrica governado pelo desempenho de tarefas), quando sua supressão serviria melhor à causa da emancipação dos supressores. As velhas rotinas não serviam para esse objetivo — eram autônomas demais, governadas por sua própria lógica tácita e não negociável, e por demais resistentes à manipulação e à mudança, dado que excessivos laços de interação humana se entreteciam em toda ação de tal modo que para puxar um deles seria preciso mudar ou romper muitos outros. O problema não era tanto levar os que não gostavam de trabalhar a habituar-se com o trabalho (ninguém precisava ensinar às futuras mãos da fábrica que a vida significava uma sentença de trabalho duro), mas como torná-los aptos a trabalhar num ambiente novo em folha, pouco familiar e repressivo.

Para que se adaptassem aos novos trajes, os futuros trabalhadores tinham que ser antes transformados numa "massa": despidos da antiga roupagem dos hábitos comunitariamente sustentados. A guerra contra a comunidade foi declarada em nome da libertação do indivíduo da inércia da massa. Mas o verdadeiro resultado — ainda que não dito — dessa guerra foi o oposto do objetivo declarado: a destruição dos poderes de fixar padrões e papéis da comunidade de tal forma que as unidades humanas privadas de sua individualidade pudessem ser condensadas na massa trabalhadora. A "preguiça" inata das "massas" não passou de uma (débil) desculpa. Conforme argumentei em *Work, Consumerism and New Poor* [*Trabalho, consumismo e novos pobres*] (1998), a "ética do trabalho" do início da era industrial foi uma tentativa desesperada de reconstituir, no ambiente frio e impessoal da fábrica, através do regime de comando, vigilância e punição, a mesma habilidade no trabalho que na densa rede de interação comunitária era alcançada de modo "natural" pelos artesãos e outros trabalhadores.

O século XIX, dos grandes deslocamentos, desencaixes e desenraizamentos (e também de tentativas desesperadas de reencaixar e reenraizar), chegava a seu fim quando Thorstein Veblen[3] falou em defesa do "instinto do trabalho bem-

Comunidade

-feito" aparentemente extinto, que "está presente em todos os homens" e "se afirma nas situações mais adversas", para tentar reparar o dano. "Instinto de trabalho bem-feito" foi o termo que Veblen escolheu para um "gosto natural pelo trabalho efetivo e um desapreço pelo esforço fútil", em sua opinião presente em todos os humanos. Longe de ser naturalmente preguiçosas e avessas ao trabalho, como insistia Freud em uníssono com uma longa série de críticos e resmungões, as pessoas tinham, muito antes que começassem as reprovações e a pregação,

> um senso do mérito da utilidade e da eficiência e do demérito da futilidade, desperdício e incapacidade... O instinto do trabalho bem-feito se expressa não tanto na insistência sobre a utilidade substancial quanto na rejeição à impossibilidade estética do que é obviamente fútil.

Se todos nos orgulhamos de um trabalho bem-feito, também temos, é o que sugere Veblen, uma repulsa inata pela labuta sem propósito, pelo esforço fútil, pela azáfama sem sentido. Isso era também a verdade das "massas", acusadas desde o advento da moderna indústria (capitalista) do pecado mortal da indolência. Se Veblen está certo e a relutância em trabalhar viola os instintos humanos, então algo foi feito, de modo resoluto e forçado, para que a conduta "real" das "massas" desse credibilidade à acusação de indolência. Esse "algo" foi o lento mas inexorável desmantelamento/ desmoronamento da comunidade, aquela intrincada teia de interações humanas que dotava o trabalho de sentido, fazendo do mero *empenho* um *trabalho* significativo, uma *ação com objetivo*, aquela teia que constituía a diferença, como diria Veblen, entre o "esforço" (ligado aos "conceitos de dignidade, mérito e honra") e a "labuta" (não ligada a qualquer daqueles valores e portanto percebida como fútil).

Segundo Max Weber, o ato constitutivo do capitalismo moderno foi a separação entre os negócios e o lar — o que significou ao mesmo tempo a separação entre os produtores e as fontes de sua sobrevivência (como acrescentou Karl Polanyi, invocando o insight de Karl Marx). Esse duplo ato libertou as ações voltadas para o lucro, e também aquelas voltadas para a sobrevivência, da teia dos laços morais e emocionais, da família e da vizinhança — simultaneamente esvaziando tais ações de todo o sentido de que eram, antes, portadoras. O que costumava ser um "esforço" nos termos de Veblen virou "labuta". Já não era claro para os artífices e artesãos de ontem o sentido do "trabalho bem-feito", e não havia mais "dignidade, mérito e honra" que decorressem dele. Seguir a rotina sem alma do chão da fábrica, sem ser observado pelo companheiro ou vizinho, mas apenas pelo

Comunidade

desconfiado capataz, obedecer aos movimentos ditados pela máquina sem chance de admirar o produto do próprio esforço, e muito menos de apreciar sua qualidade, tornavam o esforço "fútil"; e um esforço fútil era o que o instinto do trabalho bem-feito levava os humanos a detestarem todo o tempo. E esse tão humano desgostar da futilidade e da falta de sentido é que era em realidade o alvo da acusação de preguiça formulada contra os homens, mulheres e crianças, afastados de seu ambiente comum e sujeitos a um ritmo que não determinavam nem ao menos compreendiam. A suposta "natureza" das mãos de fábrica era responsabilizada pelos efeitos da não naturalidade do novo meio social. O que os gerentes da indústria capitalista e os pregadores morais que corriam em sua ajuda queriam através da "ética do trabalho" que projetavam e pregavam era forçar ou inspirar os trabalhadores a desempenharem as "tarefas fúteis" com a mesma dedicação e abandono com que costumavam perseguir o "trabalho bem-feito".

Para o empresário, a separação entre negócio e lar foi uma verdadeira emancipação. Suas mãos foram desatadas, o céu era o único limite além do qual sua imaginação não se atrevia a passar. Na busca do que a razão lhe dizia ser o caminho de maior riqueza, aquele alguém exuberante e autoconfiante "que faz as coisas acontecerem" não mais teria que limitar-se às noções tradicionais do dever comunitário, agora postas de lado como fora de moda (quando não superstição ignorante). A separação entre o meio de vida e o lar, o outro lado da primeira separação, não pretendia, porém, nem era percebida como uma emancipação: como um desatar das mãos e uma libertação do indivíduo. Pretendia ser e era percebida como um ato de expropriação, um desenraizamento e evicção de um lar defensável. Os homens e mulheres deviam primeiro ser separados da teia de laços comunitários que tolhia seus movimentos, para que pudessem ser mais tarde redispostos como equipes de fábrica. Essa nova disposição era seu destino, e a liberdade da indeterminação não passaria de um breve e transitório estágio entre duas gaiolas de ferro igualmente estreitas.

O capitalismo moderno, na expressão célebre de Marx e Engels, "derrete todos os sólidos"; as comunidades autossustentadas e autorreprodutivas figuravam em lugar de destaque no rol de sólidos a serem liquefeitos. Mas o trabalho de fusão não era um fim em si mesmo: os sólidos eram liquefeitos para que outros sólidos, mais sólidos do que os derretidos, pudessem ser forjados. Se para os poucos escolhidos o advento da ordem moderna significava o começo de uma extraordinariamente grande expansão da autoafirmação individual — para a grande maioria apenas anunciava o deslocamento de uma situação estreita e dura para outra equivalente. Destruídos os laços comunitários que a mantinham em seu lugar, essa maioria viria a ser submetida a uma rotina inteiramente diferente, ostensivamente artificial, sustentada pela coação nua e sem sentido em termos de "dignidade, mérito ou honra".

Seria no mínimo ingênuo esperar que os deserdados abraçassem a rotina artificial e imposta com a mesma placidez com que costumavam seguir os ritmos da vida comunitária. Um regime disciplinar rigoroso e supervisionado de perto preencheu o vazio aberto pelo desaparecimento da "compreensão natural" e do consentimento que outrora regulavam o curso da vida humana. John Stuart Mill[4] assim resumiu a disposição dominante da época (de que se ressentia profundamente):

A sina dos pobres, em tudo o que os afeta coletivamente, era controlada para eles e não por eles... Compete às classes mais altas pensarem por eles, e assumir a responsabilidade por seu destino [...] [para que possam] resignar-se [...] a uma verdadeira *despreocupação*, repousando à sombra de seus protetores [...]. Os ricos devem ficar *in loco parentis* dos pobres, guiando-os e sujeitando-os como crianças.

Mais de um século depois, olhando para as primeiras décadas do admirável mundo novo da modernidade capita-

A reinserção dos desenraizados

lista, o historiador John Foster[5] capta a essência da grande transformação ao observar que

A prioridade absoluta era atrelar a força de trabalho emergente à nova classe dos patrões — e fazê-lo durante o período em que as velhas disciplinas autoimpostas da sociedade camponesa-artesanal estavam em processo de desintegração, mas ainda eram perigosamente poderosas.

Olhando com ironia e ceticismo a fúria com que os reformadores e revolucionários desmantelavam os arranjos sociais existentes, Alexis de Tocqueville sugeria que, ao declarar guerra ao "atraso" e "paroquialismo" da sociedade camponesa-artesanal, a classe empresarial emergente estava chutando um cavalo morto; pois a comunidade local estava em avançado estado de decomposição muito antes do início da construção da nova ordem. Isso bem pode ter acontecido, mas qualquer que fosse seu estado de putrefação, a comunidade local continuava a ser percebida como "perigosamente poderosa" durante os longos anos que durou a adaptação dos camponeses e artesãos à nova disciplina das fábricas. Essa sensação dava força ao fervor e ao engenho com que os donos e os gerentes da indústria lutavam para controlar a conduta de sua força de trabalho e para sufocar toda manifestação de espontaneidade e livre-arbítrio.

Em verdade, como dizia Stuart Mill, as "classes altas" se colocavam *in loco parentis* dos pobres e indolentes que, achavam, não podiam lidar com a preciosa dádiva da liberdade, ameaçada se posta em mãos erradas. O dever dos pais é guiar e restringir, mas para realizá-lo de modo sério e responsável eles precisam antes de mais nada vigiar e supervisionar.

Já se disse que, como os peixes, as crianças devem ser vistas e não ouvidas. E assim, durante a maior parte de sua história, a modernidade se desenvolveu sob os auspícios do poder "panóptico", obtendo a disciplina pela vigilância contínua. O princípio essencial do panóptico é a crença dos internos de que estão sob observação contínua e de que nenhum afastamento da rotina, por minúsculo e trivial que seja, passará despercebido. Para manter essa crença, os supervisores tinham que passar a maior parte do tempo nos postos de observação, do mesmo modo que os pais não podem sair de casa por muito tempo sem temer travessuras dos filhos. O modelo panóptico de poder prendia os subordinados ao lugar, aquele lugar onde podiam ser vigiados e punidos por qualquer quebra de rotina. Mas também prendia os supervisores ao lugar, aquele de onde deviam vigiar e administrar a punição.

A era da grande transformação foi, numa palavra, uma era de *engajamento*. Os governados dependiam dos governantes, mas estes não deixavam de depender daqueles. Para o bem ou para o mal, os dois lados estavam amarrados entre si e nenhum deles podia com facilidade sair do impasse — por difícil ou repulsivo que fosse. O divórcio não era uma solução realista para qualquer das partes. Quando, num momento de inspiração, Henry Ford tomou a histórica decisão de dobrar os salários de seus empregados, estava à procura de um duplo vínculo que os atasse às *suas* fábricas de maneira mais forte e segura do que a mera necessidade de sobreviver, que também poderia ser obtida de outros patrões. O poder e a riqueza de Ford não eram mais extensos nem mais sólidos do que suas imensas fábricas, suas pesadas máquinas e sua massiva força de trabalho; ele não podia se dar ao luxo de perder qualquer uma delas. Passou-se muito tempo até que os dois lados, em muitas tentativas e muito mais erros, aprendessem essa verdade. Uma vez aprendida a verdade, a inconveniência e o alto e crescente custo do poder panóptico (e, em geral, da dominação pelo engajamento) ficaram óbvios.

Um casamento em que os dois lados sabem que estão unidos por um longo porvir, e no qual nenhum dos parceiros está livre para rompê-lo, é necessariamente um lugar de perpétuo conflito. A chance de que os parceiros tenham a mesma opinião em todos os problemas que possam surgir ao longo desse longo futuro é tão pequena quanto a probabilidade de que um deles ceda sempre à vontade do outro, sem tentar melhorar sua posição relativa. E ocorrerão inúmeros confrontos, batalhas campais e incursões guerrilheiras. Só em casos extremos, contudo, as ações de guerra levarão à derrota final de um ou dos dois parceiros: uma consciência de que essa derrota pode acontecer e o desejo de que seria melhor que não acontecesse serão provavelmente suficientes para romper a "cadeia cismogenética" antes daquele desfecho ("como ficaremos unidos independentemente do que aconteça, vamos tentar tornar a convivência suportável"). E, assim, em meio à guerra de destruição ocorrem tréguas mais ou menos longas, e entre elas, momentos de barganha e negociação. E também tentativas renovadas de compromisso sobre um conjunto comum de regras aceitáveis para ambas as partes.

Duas tendências acompanharam o capitalismo moderno ao longo de toda sua história, embora sua força e importância tenham variado no tempo. Uma delas já foi assinalada: um esforço consistente de substituir o "entendimento natural" da comunidade de outrora, o ritmo, regulado pela natureza, da lavoura, e a rotina, regulada pela tradição, da vida do artesão, por uma outra rotina artificialmente projetada e coercitivamente imposta e monitorada. A segunda tendência foi uma tentativa muito menos consistente (e adotada tardiamente) de ressuscitar ou criar *ab nihilo* um "sentido de comunidade", dessa vez dentro do quadro da nova estrutura de poder.

A primeira tendência atingiu seu ponto culminante por volta do começo do século XX com a linha de montagem e o "estudo do tempo e do movimento" e da "organização científica do trabalho" de Frederick Taylor, que pretendia separar o desempenho produtivo dos motivos e sentimentos dos trabalhadores. Os produtores deveriam ser expostos ao ritmo impessoal da máquina, que estabeleceria o ritmo do movimento e determinaria qualquer gesto; não sobraria espaço, nem ele deveria ser reservado, para a escolha pessoal. O papel da iniciativa, da dedicação e da cooperação, mesmo para as "aptidões vivas" dos operadores (preferivelmente transferidas para a máquina), deveria ser reduzido ao mínimo. A dinâmica e a rotinização do processo de produção, a impessoalidade da relação entre trabalhador e máquina, a eliminação de todas as dimensões do papel produtivo que não as tarefas fixas da produção e a resultante homogeneidade das ações dos trabalhadores formavam o exato oposto do ambiente comunitário em que se inscrevia o trabalho pré-industrial. O chão da fábrica deveria ser o equivalente, comandado pela máquina, da burocracia que, segundo o modelo ideal esboçado por Max Weber, tinha como objetivo a irrelevância total dos laços e compromissos sociais estabelecidos e mantidos fora do escritório e do horário de trabalho. Os resultados do trabalho não deveriam ser afetados por fatores tão pouco confiáveis e flutuantes como o "instinto de obra bem-feita" com sua fome de honra, mérito e dignidade e, acima de tudo, sua aversão à futilidade.

A segunda tendência corria paralela à primeira, tendo começado cedo nas "cidades-modelo" de alguns filantropos que associavam o sucesso industrial a um fator de "sentir-se bem" entre os trabalhadores. Em lugar de confiar exclusivamente nos poderes coercitivos da máquina, apostavam nos padrões morais dos trabalhadores, sua piedade religiosa, na generosidade de sua vida familiar e sua confiança no chefe-patrão. As cidades-modelo construídas em torno das fábricas estavam equipadas com moradias decentes, mas também com capelas, escolas primárias, hospitais e confortos sociais básicos — todos projetados pelos donos das fábricas junto com o resto do complexo de produção. A aposta era na recriação da comunidade em torno do lugar de trabalho e, assim, na transformação do emprego na fábrica numa tarefa para "toda a vida".

Os filantropos, vistos por seus contemporâneos como "socialistas utópicos" e por isso mesmo aplaudidos por alguns como pioneiros da reforma moral, vistos por outros com suspeitas e postos no ostracismo por subversão, esperavam cegar o gume despersonalizante e desumanizante da era da máquina que se avizinhava e preservar algo da antiga relação paternal, benigna e benevolente entre mestre e aprendiz e do espírito de comunidade no áspero clima de competição e busca do lucro. Filantropos eticamente motivados ficaram à margem do ímpeto principal do desenvolvimento capitalista. Logo ficou claro que nadavam contra a corrente: a sentença de morte da comunidade era irrevogável e mínimas as chances de que ela pudesse ressurgir dentre os mortos. Levou quase um século para que a segunda tendência voltasse à cena uma vez mais, agora como um esforço para recuperar a debilitada eficiência do trabalho nas fábricas na indústria capitalista vitoriosa e não mais contestada, em vez de para, como um século antes, deter a destruição da tradição comunitária por uma ordem capitalista em progresso.

Na década de 1930, a "escola das relações humanas" foi fundada na sociologia industrial seguindo os experimentos de Elton Mayo nas Empresas Hawthorne. A descoberta de Mayo foi que nenhum dos aspectos físicos do ambiente de trabalho, nem mesmo os incentivos materiais que ocupavam lugar tão importante na estratégia de Frederick Taylor, influenciava o aumento da produtividade e eliminava os conflitos tanto quanto os fatores espirituais: uma atmosfera amigável e "doméstica" no local de trabalho, a atenção dos gerentes e capatazes às variáveis disposições dos trabalhadores e o cuidado deles em explicar aos trabalhadores o signifi-

Comunidade

cado de suas contribuições para os efeitos gerais da produção. Pode-se dizer que a esquecida e negligenciada importância da comunidade para a ação significativa, e o "instinto do trabalho bem-feito" foram redescobertos como recursos no esforço perpétuo de melhorar a relação entre custo e efeito.

O que garantiu o sucesso da noite para o dia das propostas de Mayo foi sua ideia de que os bônus e aumentos de salários, bem como a minuciosa (e custosa) supervisão minuto a minuto, não seriam tão importantes — desde que os patrões conseguissem evocar entre seus empregados o sentimento de que "estamos todos no mesmo barco", promover a lealdade à empresa e convencê-los do significado do desempenho individual para o esforço conjunto; numa palavra, desde que eles respeitassem o anseio dos trabalhadores por dignidade, mérito e honra e seu desprezo inato pela rotina fútil e sem sentido. A boa notícia era que a satisfação no emprego e uma atmosfera amigável podiam superar a estrita atenção às regras e a vigilância ubíqua na promoção da eficiência e na prevenção da ameaça do conflito industrial recorrente, ao mesmo tempo que eram mais econômicas, em termos puramente atuariais, do que os métodos de treinamento que vinham substituir.

A célebre "fábrica fordista" tentou a síntese das duas tendências, combinando assim o melhor dos dois mundos, sacrificando o mínimo tanto da "organização científica" quanto da união de tipo comunitário. Nos termos de Tönnies, seu objetivo era transformar *Kürwille* em *Wesenwille,* "naturalizar" os padrões racionais de conduta abstratamente projetados e ostensivamente artificiais. Durante cerca de meio século, e particularmente nas "três gloriosas décadas" do "acordo social" que acompanhou a reconstrução do pós--guerra, a "fábrica fordista" serviu de modelo para o ideal perseguido, com graus variados de sucesso, por todas as outras empresas capitalistas.

As duas tendências, uma estrita e explicitamente intercomunitária e a outra flertando com a ideia da nova forma da comunidade, representavam duas formas alternativas de administração. Mas o suposto de que os processos sociais em geral, e o trabalho produtivo em particular, precisavam ser *administrados* em lugar de ser deixados por sua própria conta não estava em questão. Nem a crença de que o dever de "guiar e restringir" era um ingrediente obrigatório da posição dos patrões *in loco parentis.* Na maior parte de sua história, a modernidade foi uma era de "engenharia social" em que não se acreditou na emergência e na reprodução espontânea da ordem; com o desaparecimento das instituições autorregenerativas da sociedade pré-moderna, a única ordem concebível era uma ordem projetada com os poderes da razão e mantida pelo monitoramento e manejo quotidianos.

· 3 ·

Tempos de desengajamento ou a grande transformação, segundo tempo

Desde o começo dos tempos modernos, a gerência não é uma questão de escolha, mas uma necessidade. Contudo, como observou Karl Marx, não é preciso que o regente da orquestra sinfônica seja dono dos violinos e trombetas. Podemos virar o argumento pelo avesso e dizer que os donos dos instrumentos da orquestra também não precisam assumir a complexa tarefa da regência. Em verdade, sabe-se de poucos regentes que tenham tentado comprar os instrumentos de suas orquestras; mas os donos das orquestras e das salas de concertos têm preferido, como regra geral, contratar seus regentes em lugar de regê-las diretamente. Assim que puderam fazê-lo, os empresários capitalistas passaram as tarefas gerenciais a empregados contratados.

Pouco antes da Segunda Guerra Mundial, James Burnham expressou, de maneira articulada, o que já era do conhecimento geral, ao proclamar que a "revolução dos gerentes" já acontecera, e estava para terminar com a vitória dos mesmos. Os lucros, dizia Burnham, ainda fluíam como antes para os bolsos dos proprietários, mas a condução cotidiana dos negócios passara a ser uma prerrogativa dos gerentes, e ninguém se atreveria a interferir, nem desejaria fazê-lo. Alguns gerentes podiam ser donos de ações das empresas que dirigiam, alguns podiam, em termos legais, ser pura e simplesmente empregados, mas para a alocação do poder isso era irrelevante. O poder consiste na tomada de decisões e pertence aos que as tomam. E assim o poder pertencia aos gerentes.

Depois de mais de meio século, lê-se a *Revolução dos gerentes* de Burnham como o resumo da longa experiência das modernas lutas pelo poder e das estratégias nelas empregadas. A substância do poder moderno não estava em títulos legais de propriedade e as lutas modernas pelo poder não consistiam da corrida por mais posses. O poder moderno dizia respeito antes e acima de tudo à capacidade de gerenciar pessoas, de comandar, de estabelecer as regras de conduta e obter obediência a essas regras. A união pessoal original entre propriedade e gerência foi um caso de coincidência histórica, e desenvolvimentos posteriores mostraram o que aconteceu. Essa união mais obscurecia do que revelava a verdade do poder moderno. De maneira oblíqua, Burnham prestava homenagem à paixão pela construção da ordem e pelo serviço à ordem como força motriz da sociedade moderna; e ao engajamento direto com as pessoas, à atividade de padronizar, vigiar, monitorar e dirigir as ações delas como principal método de projeto, construção e manutenção da ordem. E ele o fez substituindo o modelo da modernidade *capitalista*, dirigida pelo motivo do lucro, pelo do capitalismo *moderno*, dirigido pela urgência de substituir a tradição fundada na comunidade por uma rotina artificial e construída.

Acontece que as formas sociais ficam mais visíveis (e, portanto, mais fáceis de serem notadas e reconhecidas pelo que sempre foram) quando surgem a partir da carapaça dentro da qual foram gestadas; quando atingem a maturidade e passam a existir. O momento da maturação, contudo, é com frequência o começo da decadência e da superação. A história do "grande engajamento", da aventura do gerenciamento e da engenharia social não constituiu uma exceção.

Passadas algumas décadas, vividas à sombra da destruição da guerra e da reconstrução do pós-guerra, ficou claro que chegara a vez de os gerentes se livrarem dos incômodos e embaraçosos deveres lançados previamente sobre seus ombros pelos detentores do capital. Os gerentes se dispunham seriamente a repetir o ato de desaparecimento dos donos do capital. Depois da era do "grande engajamento" eram chega-

Tempos de desengajamento ou a grande transformação, segundo tempo

dos os tempos do "grande desengajamento". Os tempos de grande velocidade e aceleração, do encolhimento dos termos do compromisso, da "flexibilização" da "redução", da procura de "fontes alternativas". Os termos da união "até segunda ordem", enquanto (e só enquanto) "durar a satisfação".

A "desregulamentação" é a palavra da hora e o princípio estratégico louvado e praticamente exibido pelos detentores do poder. A "desregulamentação" é demandada porque os poderosos não querem ser "regulados" — ter sua liberdade de escolha limitada e sua liberdade de movimento restrita; mas também (talvez principalmente) porque *já não estão interessados em regular os outros.* O serviço e o policiamento da ordem viraram uma batata quente alegremente descartada pelos que são suficientemente fortes para livrar-se da incômoda sucata, entregando-a de pronto aos que estão mais abaixo na hierarquia e são fracos demais para recusar o presente venenoso.

Nestes dias, a dominação não se apoia principalmente no engajamento e no compromisso; na capacidade de os dirigentes observarem de perto os movimentos dos dirigidos e coagirem-nos à obediência. Ela ganhou um novo fundamento, muito menos incômodo e menos custoso — pois requer pouco serviço: a incerteza dos governados sobre o próximo movimento dos governantes — se estes se dignarem a fazê-lo. Como Pierre Bourdieu não se cansou

Comunidade

de observar, o estado de permanente *precarité* — insegurança quanto à posição social, incerteza sobre o futuro da sobrevivência e a opressiva sensação de "não segurar o presente" — gera uma incapacidade de fazer planos e segui--los. Quando a ameaça da mudança unilateral ou do fim dos arranjos correntes por parte daqueles que decidem o meio em que os afazeres da vida devem ser realizados paira perpetuamente sobre as cabeças daqueles que os realizam, as chances de resistência aos movimentos dos detentores do poder, e particularmente de resistência firme, organizada e solidária, são mínimas — virtualmente inexistentes. Os detentores do poder não têm o que temer e assim não sentem necessidade das custosas e complicadas "fábricas de obediência" ao estilo panóptico. Em meio à incerteza e à insegurança, a disciplina (ou antes a submissão à condição de que "não há alternativa") anda e se reproduz por conta própria e não precisa de capatazes para supervisionar seu abastecimento constantemente atualizado.

O desmantelamento dos panópticos anuncia um grande salto para a frente no caminho da maior liberdade do indivíduo. Ela é experimentada, porém, para dizer o mínimo, como uma bênção problemática, ou uma bênção enfeitada demais para ser recebida com alegria.

O regime do panóptico, praticamente universal durante a era do "grande engajamento", era cruel e degradante: fazia com que mesmo esforços produtivos perfeitamente racionais parecessem uma "faina fútil" e despiam o trabalho de sua capacidade de conferir "honra, mérito e dignidade". Tinha, contudo, certas vantagens para as vítimas — trazia-lhes benefícios que só foram percebidos com seu desaparecimento.

Sua permanência estável fazia do engajamento mútuo uma moldura confiável em que os destinatários do arranjo panóptico também podiam inscrever confiantemente suas esperanças e sonhos de um futuro melhor; a solidez do engajamento mútuo fazia da luta por condições melhores uma luta digna de ser travada. Como os dois lados estavam "presos ao lugar" de modo similar e não tinham liberdade de movimento, tinha sentido que ambos procurassem uma acomodação aceitável em lugar de arriscar a confrontação e a guerra (mesmo em Auschwitz, onde o sinistro potencial do panóptico revelou toda sua horrível maldade, os internos que — ao contrário dos prisioneiros judeus e ciganos — esperavam permanecer no campo e trabalhar ainda por longo tempo em vez de serem mandados para a morte a qualquer momento conseguiam melhoras em suas condições pela resistência solidária). A rotina imposta pelas "fábricas de disciplina" era sem dúvida detestada e provocava ressentimentos. Mas, como lembra Richard Sennett,

Comunidade

intensa negociação sobre os horários ocupava tanto a United Auto Workers Union quanto a administração da General Motors [...]. O tempo rotinizado se tornara uma arena em que os trabalhadores podiam fazer suas próprias demandas, uma arena de poder [...]. A rotina pode ser degradante, mas também pode proteger; a rotina pode descompor o trabalho, mas também pode compor uma vida.[1]

Sob as novas condições, com os poderes do momento não mais interessados na supervisão e monitoramento da rotina e preferindo apoiar-se na endêmica falta de autoconfiança de seus subordinados, as limitações que interferiam sobre a liberdade dos subordinados não ficaram menos estritas; a "dominação a partir de cima", como observa Sennett, se tornou "informe" sem perder nada de sua força.[2] Como que juntando o insulto ao opróbrio, as forças capazes de infligir dor mantiveram firme o controle, talvez mais firme do que antes, mas também ficaram invisíveis e quase impossíveis de localizar, para que houvesse reação e eventualmente confrontação. A luta desesperada para mitigar a dor tem que ser travada no escuro e tende a ser desfocada, variando de um alvo acidental para outro, cada tentativa errando longe, e com pouca vantagem mesmo que acerte. As forças verdadeiramente responsáveis pela dor podem se sentir seguras de que, por mais furiosas que sejam as respos-

Tempos de desengajamento ou a grande transformação, segundo tempo

tas provocadas pelos sofrimentos que causaram, elas serão desviadas para outros objetos e dificilmente impedirão sua liberdade de ação.

Há meio século, os estudiosos das ciências sociais foram apresentados ao funcionamento da psique humana através dos experimentos em série dos psicólogos behavioristas; ratos famintos tinham que percorrer os corredores tortuosos de um labirinto em busca de uma porção de comida colocada sempre no mesmo compartimento, de tal modo que o tempo que levavam para aprender o caminho certo (sempre o mesmo caminho certo entre os muitos errados) pudesse ser devidamente registrado. Apenas umas poucas pessoas objetaram então à sugestão dos behavioristas de que o que valia para os ratos também valia para os humanos, e as objeções foram poucas e espaçadas não porque a semelhança implícita entre ratos e humanos fosse evidente ou universalmente aceita, mas porque a situação no laboratório behaviorista era notavelmente similar ao destino humano concebido à época: muralhas sólidas, fortes, impenetráveis e inamovíveis de um labirinto com apenas um caminho certo e muitos outros levando à perdição; regras imutáveis determinando uma única localização do prêmio que esperava ao fim do caminho; o aprendizado (memorização e habituação) da capacidade de distinguir os caminhos certos dos errados como essência da arte de viver. A situação

Comunidade

artificial dos ratos no labirinto parecia uma réplica fiel da sina diária dos humanos no mundo. Se hoje os paralelos behavioristas perderam grande parte de seu poder de persuasão e estão quase esquecidos, isso não se deveu a que as insinuações de parentesco espiritual com os ratos tenham parecido ofensivas ao lado humano da comparação, mas sim a que a visão de um sólido labirinto talhado na pedra não está mais de acordo com a visão que os humanos têm do mundo em que vivem. Uma metáfora radicalmente diferente, a imagem de Edmund Jabès de um deserto em que os caminhos (muitos e cruzados, e todos sem sinalização) não passam de filas de pegadas de passantes, que poderão ser apagadas pelos ventos, parece ajustar-se muito melhor a essa experiência.

No mundo em que vivemos no limiar do século XXI, as muralhas estão longe de ser sólidas e com certeza não estão fixadas de uma vez por todas; eminentemente móveis, parecem aos passantes divisórias de papelão ou telas destinadas a serem reposicionadas mais e mais vezes segundo mudanças sucessivas de necessidades ou caprichos. Alternativamente, pode-se dizer que há hoje meadas de algodão onde ficavam as gaiolas de ferro do tempo de Max Weber; os golpes passam por elas e a abertura produzida se fechará no momento seguinte. Pode-se também pensar num mundo que deixou de ser um árbitro rigorosamente

Tempos de desengajamento ou a grande transformação, segundo tempo

imparcial e se tornou um dos jogadores que, como todos os jogadores adeptos aos truques, esconde a mão e espera para trapacear se tiver a chance.

De longe a mais dura das gaiolas de ferro em que a vida média costumava ser inscrita era o quadro social em que se ganhava o sustento: o escritório ou a planta industrial, os trabalhos ali realizados, as habilidades necessárias para realizá-los e a rotina diária. Solidamente encapsulado nessa moldura, o trabalho podia razoavelmente ser visto como uma vocação ou a missão de uma vida: como o eixo em torno do qual o resto da vida se revolvia e ao longo do qual se registravam as realizações. Agora, esse eixo está irreparavelmente quebrado. Em lugar de ter ficado "flexível", como os porta-vozes do admirável mundo novo gostariam que fosse percebido, ele se tornou frágil e quebradiço. Nada pode (ou deveria) ser fixado a esse eixo com segurança — confiar em sua durabilidade seria ingênuo e poderia ser fatal. Até os escritórios mais veneráveis e as fábricas mais orgulhosas de seu longo e glorioso passado tendem a desaparecer da noite para o dia e sem aviso; empregos tidos como permanentes e indispensáveis, do tipo "impossível passar sem eles", se evaporam antes que o trabalho esteja terminado, habilidades outrora febrilmente procuradas, sob forte demanda, envelhecem e deixam de ser vendáveis muito antes da data prevista de expiração; e rotinas de trabalho são viradas de

Comunidade

cabeça para baixo antes de serem aprendidas. A "porção de comida" no suposto fim do caminho se desloca ou apodrece mais rápido e antes que mesmo o mais inteligente dos ratos tenha aprendido como chegar até ela...

Porém, a moldura social de trabalho e sobrevivência não é a única que está se esboroando. Tudo o mais parece estar no olho do furacão. Citando Sennett uma vez mais,[3] o lugar onde se passará toda a vida, ou onde se espera passá-la, "existe a partir da batuta do agente imobiliário, floresce e começa a decair no prazo de uma geração". Em tal lugar (e mais e mais pessoas começam a conhecer esses lugares e sua amarga atmosfera do modo mais difícil) "ninguém testemunha a vida de ninguém". O lugar pode estar fisicamente cheio, e, no entanto, assustar e repelir os moradores por seu vazio moral. Não somente ele surge do nada, num local inóspito na memória humana, e antes do pagamento da hipoteca já começou a decair, deixando de ser hospitaleiro para se tornar repulsivo e obrigando os infelizes moradores a buscarem outra moradia. O que acontece é que nada nele permanece o mesmo durante muito tempo, e nada dura o suficiente para ser absorvido, tornar-se familiar e transformar-se no que as pessoas ávidas de comunidade e lar procuravam e esperavam. Deixaram de existir os simpáticos mercadinhos de esquina; se conseguiram sobreviver à competição dos supermercados, seus donos, gerentes e os rostos atrás dos balcões mudam com

Tempos de desengajamento ou a grande transformação, segundo tempo

excessiva frequência para que qualquer um deles possa substituir a permanência que já não se encontra nas ruas. Também desapareceram o banco local e os escritórios da construtora, substituídos pelas vozes anônimas e impessoais (cada vez mais produzidas por sintetizadores eletrônicos) do outro lado da linha ou por "amigáveis", embora infinitamente remotos, ícones da web sem nome e sem rosto. Também não existe mais o carteiro, que batia à porta seis dias por semana e se dirigia aos moradores pelo nome. Chegaram as lojas de departamentos e cadeias de butiques, e que, espera-se, sobrevivam às fusões ou trocas de donos, mas que trocam de pessoal a uma tal velocidade que reduz a zero a chance de se encontrar duas vezes seguidas o mesmo vendedor.

Mas as coisas tampouco parecem mais sólidas dentro da casa da família do que na rua. Como observou Yvonne Roberts com acidez, "embarcar no casamento no século XXI parece uma decisão tão sábia como partir para o mar numa jangada de mata-borrão" (*Observer*, 13 de fevereiro de 2000). As chances de que a família sobreviva a qualquer de seus membros diminui a cada ano que passa: a expectativa de vida do corpo mortal individual parece uma eternidade por comparação. Uma criança média tem diversos pares de avós e diversos "lares" entre os quais escolher — "por temporada", como as casas de praia. Nenhum deles se parece com o verdadeiro "e único" lar.

Em suma: foi-se a maioria dos pontos firmes e solidamente marcados de orientação que sugeriam uma situação social que era mais duradoura, mais segura e mais confiável do que o tempo de uma vida individual. Foi-se a certeza de que "nos veremos outra vez", de que nos encontraremos repetidamente e por um longo porvir — e com ela a de que podemos supor que a sociedade tem uma longa memória e de que o que fazemos aos outros hoje virá a nos confortar ou perturbar no futuro; de que o que fazemos aos outros tem significado mais do que episódico, dado que as consequências de nossos atos permanecerão conosco por muito tempo depois do fim aparente do ato — sobrevivendo nas mentes e feitos de testemunhas que não desaparecerão.

Esses e outros supostos semelhantes formavam, por assim dizer, o "fundamento epistemológico" da experiência de *comunidade*, seríamos tentados a dizer "de uma *comunidade bem tecida*"; se a expressão não fosse pleonástica — nenhum agregado de seres humanos é sentido como "comunidade" a menos que seja "bem tecido" de biografias compartilhadas ao longo de uma história duradoura e uma expectativa ainda mais longa de interação frequente e intensa. É essa experiência que falta hoje em dia, e é sua ausência que é referida como "decadência", "desaparecimento" ou "eclipse" da comunidade — como já notava Maurice R. Stein em 1960:

as comunidades se tornam cada vez mais dispensáveis [...]. As lealdades pessoais diminuem seu âmbito com o enfraquecimento sucessivo dos laços nacionais, regionais, comunitários, de vizinhança, de família e, finalmente, dos laços que nos ligam a uma imagem coerente de nós mesmos.[4]

O tipo de incerteza, de obscuros medos e premonições em relação ao futuro que assombram os homens e mulheres no ambiente fluido e em perpétua transformação em que as regras do jogo mudam no meio da partida sem qualquer aviso ou padrão legível, não une os sofredores: antes os divide e os separa. As dores que causam aos indivíduos não se somam, não se acumulam nem condensam numa espécie de "causa comum" que possa ser adotada de maneira mais eficaz unindo as forças e agindo em uníssono. A decadência da comunidade nesse sentido se perpetua; uma vez instalada, há cada vez menos estímulos para deter a desintegração dos laços humanos e para procurar meios de unir de novo o que foi rompido. A sina de indivíduos que lutam em solidão pode ser dolorosa e pouco atraente, mas firmes compromissos a atuar em conjunto parecem prometer mais perdas do que ganhos. Pode-se descobrir que as jangadas são feitas de mata-borrão só depois que a chance de salvação já tiver sido perdida.

4 ·

A secessão dos bem-sucedidos

A expressão que encabeça este capítulo foi tirada de *The Work of Nations* de Robert Reich: refere-se ao novo distanciamento, indiferença, desengajamento e, em verdade, à extraterritorialidade mental e moral daqueles que não se importam de ficar sós, desde que os outros, que pensam diferente, não insistam em que se ocupem e muito menos partilhem sua vida por conta própria. Richard Rorty[1] sugere que, tendo capitalizado individualmente as batalhas solidárias e coletivas de seus pais, os filhos da geração que passou pela Grande Depressão se estabeleceram nos subúrbios prósperos e "decidiram recolher as pontes levadiças". Na verdade, os filhos dos militantes obtiveram suas promoções individuais graças ao seguro comunitário contra azares individuais que os pais construíram para eles. Mas não gostam de ser lembrados de como foi que ficaram autossuficientes; não veem razão por que os outros não sejam como eles, desde que se comportem como eles.

Reconstroem seu próprio desagrado com a "dependência" de que não mais precisam como uma condenação moral universal da dependência de que os menos afortunados precisam como do ar que respiram e que não podem dispensar. E assim, como diz Rorty,

> Sob os presidentes Carter e Clinton, o Partido Democrata sobreviveu afastando-se dos sindicatos e de qualquer menção à redistribuição, movendo-se para um vácuo estéril chamado de "centro" [...]. Foi como se a distribuição da renda e da riqueza tivesse virado um tópico assustador demais para ser mencionado por qualquer político norte-americano [...]. E assim a escolha entre os dois partidos principais acabou como uma escolha entre mentiras cínicas e um silêncio temeroso.

Aconteceu alguma coisa que jamais teria ocorrido a Menênio Agripa quando instigava os plebeus a permanecerem em Roma e a abandonarem os planos de separar-se deixando os patrícios por sua própria conta. Agripa ficaria atônito ao saber que, no fim, não foram os plebeus, mas os equivalentes contemporâneos dos patrícios da Roma antiga que (intencionalmente ou não, mas de qualquer maneira sem nunca olhar para trás) decidiram pela "secessão", por abandonar seus compromissos e lavar as mãos de suas responsabilidades. Os patrícios de hoje não precisam mais

Comunidade

dos serviços da comunidade; na verdade, não conseguem perceber o que ganhariam permanecendo *na e com* a comunidade que já não tenham obtido por conta própria ou ainda esperam assegurar por seu próprio esforço, mas podem pensar em muitos recursos que poderiam perder caso se submetessem às demandas da solidariedade comunitária.

Dick Pountain e David Robins[2] escolhem o modo "*cool*" [distanciado] como sintoma da mente e caráter da "secessão dos bem-sucedidos". Quando o "*cool*" ganhou popularidade repentina e se espalhou como fogo na floresta entre os filhos dos prósperos pós-Depressão envergava a máscara de uma rebelião e da renovação moral: era o símbolo de um distanciamento militante de uma ordem envelhecida satisfeita com a situação a que o passado a tinha conduzido e à míngua de ideias novas. Hoje, porém, o "*cool*" se transformou na visão do mundo dos importantes, inteiramente conservadores em suas ações e nas preferências que essas ações exemplificam, quando não em seu autoelogio explícito (e enganador). Essa ordem cada vez mais conservadora se funda nos impressionantes poderes do mercado de consumo e do que resta das instituições políticas outrora autônomas. O "*cool*", sugerem Pountain e Robins, "parece estar usurpando o lugar da ética do trabalho para instalar-se como forma mental dominante do capitalismo de consumo avançado". "*Cool*" significa "fuga ao sentimento", fuga "da confusão da verdadeira intimidade, para o mundo do sexo fácil, do divórcio casual, de relações não possessivas".

Dada a completa perda da fé em alternativas políticas radicais, o *cool* diz hoje respeito principalmente ao consumo. Esse é o "cimento" que preenche a contradição escancarada — *cool* é a maneira de viver com as expectativas rebaixadas, indo às compras [...]. O gosto pessoal é elevado a um *ethos* completo; você é aquilo de que gosta e, portanto, aquilo que você compra.

Embora ostente os enfeites da autonomia pessoal e atue sob o slogan da "falta de espaço", a fuga "da confusão da verdadeira intimidade" está mais próxima do rompante que de uma jornada individualmente concebida e assumida de autoexploração. A secessão quase nunca é solitária — os fugitivos se inclinam a juntar-se com outros fugitivos como eles, e os padrões da vida de fugitivo tendem a ser tão rígidos e exigentes como aqueles que pareciam opressivos na vida deixada para trás; a facilidade do divórcio casual multiplica imperativos tão inflexíveis e intratáveis (e potencialmente tão desagradáveis) como o casamento sem cláusula de rompimento. O único atrativo do exílio voluntário é a ausência de compromissos, especialmente de compromissos de longo prazo, do tipo dos que impedem a liberdade de movimento numa comunidade com sua "confusa intimidade". Substituídos os compromissos pelos encontros passageiros e pelas relações "até nova ordem" ou "por uma noite" (ou um dia), podemos excluir do cálculo os efeitos que nossas ações podem ter sobre a vida dos outros. O futuro pode ser tão nebuloso e impenetrável como antes, mas pelo menos esse traço que seria desconfortável não influi sobre uma vida vivida como uma sucessão de episódios e uma série de recomeços.

Sören Kierkegaard[3] provavelmente acharia uma grande afinidade entre o tipo de vida que atrai os bem-sucedidos à secessão e o tipo de patologia que entreviu no caráter do Don Giovanni, tal como retratado no libreto da ópera de Mozart. O prazer de Don Juan, como Kierkegaard o via, não era a *posse* das mulheres, mas a *sedução* delas; Don Giovanni não tinha interesse pelas mulheres já conquistadas — seu prazer terminava no momento do triunfo. Seus apetites sexuais não eram necessariamente mais vorazes ou mais insaciáveis que o de qualquer homem; o que importa, porém, é que a questão do tamanho desses apetites era totalmente irrelevante para a fórmula da vida de Don Juan, pois sua vida era dedicada a manter vivo o desejo e não a sua satisfação.

É só dessa maneira que Don Juan pode tornar-se um épico, na medida em que ele constantemente acaba e constan-

A secessão dos bem-sucedidos

temente recomeça do começo, pois sua vida é a soma de momentos repulsivos que não têm coerência, sua vida como momento é a soma dos momentos, assim como a soma dos momentos é o momento...

A escolha da sedução das mulheres como passatempo principal certamente era um atributo acidental do plano de vida de Don Juan; poderia ser facilmente substituída por tipos de prazer inteiramente diferentes sem afastar-se um átimo da estratégia de vida desse personagem. Acabar constantemente e começar outra vez desde o começo — essa era a essência da fórmula de vida de Don Giovanni, e para ser aplicada consistentemente essa fórmula requeria, acima de tudo, a inexistência de ligações e de compromissos, e a negação de reparação por nossos prazeres passados; em outras palavras, postulava a *ausência de comunidade.* Don Juan estava só, e se estivesse numa multidão de outros como ele isso não faria diferença: uma multidão de Don Giovannis não constituiria uma comunidade.

O mesmo pode ser dito dos bem-sucedidos em secessão dos dias de hoje. As "comunidades cercadas" pesadamente guardadas e eletronicamente controladas que eles compram no momento em que têm dinheiro ou crédito suficiente para manter distância da "confusa intimidade" da vida comum da cidade são "comunidades" só no nome. O que seus moradores estão dispostos a comprar ao preço de um braço ou uma perna é o direito de manter-se à distância e viver livre dos intrusos. "Intrusos" são todas as outras pessoas, culpadas de ter suas próprias agendas e viver suas vidas do modo como querem. A proximidade de outras agendas e de modos de vida alternativos solapa o conforto de "acabar rapidamente e começar do começo", e por isso os "intrusos" são objetos de ressentimento porque visíveis e embaraçosos. "Desocupados" e pessoas "à espreita" são os objetos do temor e ódio dos Don Giovannis de hoje, e é a distância em relação a esses tipos, prometida pela guarda fortemente armada em constante ronda e pela densa rede de câmeras espias que torna as "comunidades cercadas" tão atraentes e procuradas e acaba por ser o ponto mais destacado pelos agentes imobiliários, acima de qualquer outro traço, em seus anúncios.

O mundo habitado pela nova elite não é, porém, definido por seu "endereço permanente" (no antigo sentido físico e topográfico). Seu mundo não tem outro "endereço permanente" que não o e-mail e o número do telefone celular. A nova elite não é definida por qualquer localidade: é em verdade e plenamente *extraterritorial*. Só a extraterritorialidade é garantida contra a comunidade, e a nova "elite global" que, exceto pela companhia inevitável (e às vezes agradável) dos maîtres, arrumadeiras e garçons, é sua única detentora e quer que assim seja.

A secessão dos bem-sucedidos

Os entrevistados no "Estudo da Globalização Cultural" realizado pelo Instituto de Estudos Avançados da Cultura da Universidade da Virgínia,[4] homens e mulheres representativos dos novos extraterritoriais, não têm dúvidas sobre isso. Um executivo da AT&T assegura que ele e seus companheiros de viagem "se consideram a espécie de cidadãos que por acaso têm um passaporte norte-americano". Como concluem os autores do relatório a partir do grande número de respostas que reuniram, eles veem as fronteiras nacionais e os Estados-nação como cada vez mais irrelevantes para as principais ações da vida no século XXI. Um executivo da Nike insistiu sobre sua extraterritorialidade, desprezando os que pensam de outra maneira: "as únicas pessoas a se preocuparem com as fronteiras nacionais serão os políticos".

Ser extraterritorial não significa, no entanto, ser portador de uma nova síntese cultural global, ou mesmo estabelecer laços e canais de comunicação entre áreas e tradições culturais. Há uma interface muito estreita, se houver alguma, entre o "território da extraterritorialidade" e as terras em que seus vários postos avançados e hospedarias intermediárias por acaso se situam. Como observam os pesquisadores da Virgínia, os executivos globais que entrevistaram

vivem e trabalham num mundo feito de viagens entre os principais centros metropolitanos globais — Tóquio, Nova

York, Londres e Los Angeles. Passam não menos do que um terço de seu tempo no exterior. Quando no exterior, a maioria dos entrevistados tende a interagir e socializar com outros "globalizados" [...]. Onde quer que vão, os hotéis, restaurantes, academias de ginástica, escritórios e aeroportos são virtualmente idênticos. Num certo sentido habitam uma bolha sociocultural isolada das diferenças mais ásperas entre diferentes culturas nacionais [...]. São certamente cosmopolitas, mas de maneira limitada e isolada.

Deixemos claro sobre o que os autores do relato (e os autores de inúmeros outros relatos, jornalistas e pesquisadores, todos pintando um retrato espantosamente parecido) estão falando. Perguntemos qual é o significado desse "cosmopolitismo", palavra que tende a ser usada com frequência cada vez maior tanto na apresentação do estilo de vida dos "globalizados" quanto nas suas autodefinições. A que espécie de experiência e a que traços culturais refere-se essa nova palavra da moda?

Independentemente de outros conteúdos associados a ele, o "cosmopolitismo" da nova elite global é certamente *seletivo*. É singularmente inadequado para o papel de "cultura global": o modelo não pode ser espalhado, disseminado, compartilhado universalmente, usado como padrão a imitar numa missão de proselitismo e conversão. Como tal, é diferente das culturas que conhecemos e sobre as quais ouvimos falar, aqueles diferentes modelos da "vida decente e apropriada" que, durante a era moderna, costumavam ser expostos aos olhos do "povo" por seus líderes intelectuais, professores, pregadores e outros "reformadores". O estilo de vida "cosmopolita" dos novos atores em secessão não foi feito para imitação das massas, e os "cosmopolitas" não são apóstolos de um modelo novo e melhor de vida, nem são a vanguarda de um exército em marcha. O que esse estilo de vida celebra é a irrelevância do lugar, uma condição inteiramente fora do alcance das pessoas comuns, dos "nativos" estreitamente presos ao chão e que (caso decidam desconsiderar os grilhões) vão encontrar no "amplo mundo lá fora" funcionários da imigração pouco amigáveis e severos em lugar dos sorridentes recepcionistas dos hotéis. A mensagem do modo "cosmopolita" de ser é curta e grossa: não importa *onde* estamos, o que importa é que *nós* estamos lá.

As viagens dos novos cosmopolitas não são viagens de descoberta. Embora sejam com frequência descritas como tais pelos viajantes globais e seus biógrafos; seu estilo de vida não é "híbrido" nem particularmente notável por seu gosto pela variedade. A mesmice é a característica mais notável, e a identidade cosmopolita é feita precisamente da uniformidade mundial dos passatempos e da semelhança global dos alojamentos cosmopolitas, e isso constrói e sus-

Comunidade

tenta sua secessão coletiva em relação à diversidade dos nativos. Dentro das muitas ilhas do arquipélago cosmopolita, o público é homogêneo, as regras de admissão são estrita e meticulosamente (ainda que de modo informal) impostas, os padrões de conduta precisos e exigentes, demandando conformidade incondicional. Como em todas as "comunidades cercadas", a probabilidade de encontrar um estrangeiro genuíno e de enfrentar um genuíno desafio cultural é reduzida ao mínimo inevitável; os estranhos que não podem ser *fisicamente* removidos por causa do teor indispensável dos serviços que prestam ao isolamento e autocontenção ilusória das ilhas cosmopolitas são *culturalmente* eliminados — jogados para o fundo do "invisível" e "tido como certo".

Acima de tudo, a "bolha" em que a elite cosmopolita global dos negócios e da indústria cultural passa a maior parte de sua vida é — repito — uma *zona livre de comunidade*. É um lugar onde uma reunião, entendida como mesmice (ou mais precisamente, uma insignificância de idiossincrasias) de indivíduos encontrados por acaso e "necessariamente irrelevantes", e uma individualidade, entendida como a facilidade não problemática com que as parcerias são celebradas e abandonadas, são exercidas dia a dia em lugar de todas as outras práticas socialmente compartilhadas. A "secessão dos bem-sucedidos" é, antes e acima de tudo, uma fuga da comunidade.

· 5 ·

Duas fontes do comunitarismo

A partir deste breve levantamento parece que o novo cosmopolitismo dos bem-sucedidos (aqueles que conseguem reformular a individualidade de jure, uma *condição* que compartilham com o resto dos homens e mulheres modernos, como individualidade de facto, uma *capacidade* que os separa de grande número de seus contemporâneos) não precisa da comunidade. Há pouco que possam ganhar com a bem tecida rede de obrigações comunitárias, e muito que perder se forem capturados por ela. Em seu subestimado estudo feito bem antes que a ideia da hibridez global dos cosmopolitas livres fosse inventada e transformada no folclore das "classes tagarelas",[1] Geoff Dench apontou para o traço da comunidade que leva todos os que podem a fugirem dela: uma parte integrante da ideia de comunidade é a "obrigação fraterna" "de partilhar as vantagens entre seus membros, independentemente do talento ou importância deles". Esse traço por si só faz do "comunitarismo" "uma filosofia dos fracos". E os "fracos", diga-se, são aqueles indivíduos de jure que não são capazes de praticar a individualidade de facto, e assim são postos de lado se e quando a ideia de que as pessoas merecem o que conseguem obter por seus próprios meios e músculos (e não merecem nada mais que isso) toma o lugar da obrigação de compartilhar. A ideia

> de que o mérito, e só o mérito, deve ser premiado é prontamente transformada numa carta autocongratulatória com que os poderosos e bem-sucedidos atribuem generosos benefícios a si próprios a partir dos recursos da sociedade. A sociedade aberta a todos os talentos se torna para todos os fins práticos uma sociedade em que a incapacidade de exibir alguma capacidade especial é tratada como base suficiente para a condenação a uma vida de submissão.

Condenação, também, e cada vez mais, a uma miséria sem perspectivas, à medida que o triunfo da ideologia do mérito avança em direção a sua conclusão lógica, isto é, do desmantelamento das provisões previdenciárias, aquele seguro comunitário contra o infortúnio individual, ou à reformulação dessas provisões — outrora vistas como uma obrigação fraternal sem discriminações, e um direito uni-

Duas fontes do comunitarismo

versal — como caridade da parte "dos que estão dispostos" dirigida "aos que têm necessidades".

"Os poderosos e bem-sucedidos" não podem dispensar com facilidade a visão meritocrática do mundo sem afetar seriamente o fundamento social do privilégio que prezam e do qual não têm intenção de abrir mão. E enquanto essa visão de mundo for mantida e considerada o cânone da virtude pública, o princípio comunitário do compartilhamento não pode ser aceito. A avareza que resulta numa relutância a pôr a mão no bolso não é talvez a única razão, talvez nem mesmo a principal, dessa não aceitação. Há coisas mais importantes que o mero desapreço pelo autossacrifício: o princípio mesmo que fundamenta uma ambicionada distinção social é que está em jogo. Se qualquer coisa além do mérito imputado fosse reconhecida como título legítimo às recompensas oferecidas, aquele princípio perderia sua maravilhosa capacidade de conferir dignidade ao privilégio. Para os "poderosos e bem-sucedidos", o desejo de "dignidade, mérito e honra" paradoxalmente exige a negação da comunidade.

Por mais verdade que isso seja, não é toda a verdade. Os "poderosos e bem-sucedidos" podem ressentir-se, *ao contrário* dos fracos e derrotados, dos laços comunitários — mas *da mesma forma* que os demais homens e mulheres podem achar que a vida vivida sem comunidade é precária, amiúde insatisfatória e algumas vezes assustadora. Liberdade e comunidade podem chocar-se e entrar em conflito, mas uma composição a que faltem uma ou outra não leva a uma vida satisfatória.

A necessidade dos dois ingredientes é sentida de maneira ainda mais forte porque a vida, em nossa sociedade globalizada e rapidamente desregulada que gerou a nova elite cosmopolita, mas que foi definida, na célebre expressão de Ulrich Beck, como *Risikogessellschaft*, sociedade do risco, é uma *Risikoleben*, uma vida de risco — em que "a ideia mesmo de controle, certeza e segurança... entra em colapso";[2] e porque em nenhum outro lugar da sociedade essa certeza e essa segurança — e particularmente a sensação tranquilizadora de "saber com certeza o que vai acontecer" — entraram em colapso tão retumbante como no território subdefinido, subinstitucionalizado, sub-regulado e com frequência anômico da extraterritorialidade habitada pelos novos cosmopolitas. Falar de "colapso" talvez seja equivalente a dar crédito demais à certeza que resta. Não é que os velhos mapas tenham ficado desatualizados e não mais ofereçam orientação confiável nesse terreno pouco familiar — é que o levantamento nunca foi feito, e a agência que poderia fazê-lo nem mesmo foi formada, nem parece que virá a sê-lo num futuro previsível. A faixa de fronteira para a qual a fuga para a extraterritorialidade transportou os refugiados

Duas fontes do comunitarismo

por escolha nunca foi mapeada; e não tem características permanentes em condições de serem projetadas no mapa, mesmo que quiséssemos desenhá-lo. Aqui a comunidade não "foi perdida"; ela nunca nasceu.

E não é o caso de "negar as raízes" — não há raízes a negar. E o que é ainda mais importante: não há por que negar as responsabilidades em relação aos fracos — não há fracos deste lado dos portões estritamente vigiados, e menos ainda responsabilidades para com seus destinos. De fato, não há estruturas firmes, nem origens de classe que não possam ser deixadas para trás, nem passado que não possa ser jogado fora. O hábitat extraterritorial da elite global é informe e extravasa os limites que lhe são impostos, e parece macio e flexível, pronto para ser alterado por mãos habilidosas. Ninguém impede ninguém de ser o que é e ninguém parece impedir ninguém de ser diferente do que é. A identidade parece uma questão de escolha e resolução, e as escolhas devem ser respeitadas e a resolução merece ser recompensada. Os cosmopolitas são culturalistas natos e naturais, a cultura de seu tipo sendo uma justaposição de convenções revogáveis, lugar de invenção e experimentação, mas acima de tudo sem pontos de não retorno.

No livro citado,[3] Richard Rorty escreve sobre a "esquerda cultural" nos EUA (categoria que se sobrepõe em larga medida à nova elite cosmopolita em discussão) que

Comunidade

veio a substituir a esquerda politicamente correta da época da "grande sociedade" e cujos muitos membros

se especializam no que chamam de "política da diferença", ou "da identidade", ou "do reconhecimento". Essa esquerda cultural pensa mais no estigma do que no dinheiro, mais em profundas e ocultas motivações psicossexuais do que na avareza rasa e evidente [...]. [Essa esquerda cultural] prefere não falar de dinheiro. Seu inimigo principal é uma forma da mente e não uma forma de arranjo econômico.

Foi sem dúvida um feito da nova esquerda ter instituído (ao mesmo tempo que refletia sobre a experiência "culturalista" e as práticas diárias de seu novo e pouco definido hábitat) novas disciplinas acadêmicas — como a história das mulheres e estudos sobre os negros, gays, hispano-americanos e "de outras vítimas" (como os descreveu genericamente Stefan Collini); entretanto, como Rorty observa com amargura, não se encontram estudos sobre os desempregados, os sem-teto e os que moram em trailers. Deixou-se que "demagogos vis como Patrick Buchanan tirem vantagem política do fosso que se abre cada vez mais entre os ricos e os pobres".

No mundo acolchoado, maleável e informe da elite global dos negócios e da indústria cultural, em que tudo

Duas fontes do comunitarismo

pode ser feito e refeito e nada vira sólido, não há lugar para realidades obstinadas e duras como a pobreza, nem para a indignidade de ser deixado para trás, nem tampouco para a humilhação que representa a incapacidade de participar do jogo do consumo. A nova elite, com carros próprios em quantidade suficiente para não se preocupar com o estado lamentável do transporte público, de fato destruiu as pontes que seus pais tinham atravessado à medida que as deixava para trás, esquecendo que essas pontes eram construídas e usadas *socialmente* — e que, se assim não fosse, ela mesma não teria chegado aonde chegou.

Em termos práticos, a nova elite global lavou as mãos em relação à questão do "transporte público". A "redistribuição" está definitivamente excluída, lançada à lata de lixo da história, junto com outros lamentáveis erros de julgamento que são hoje retrospectivamente responsabilizados pela opressão da autonomia individual e portanto também pelo estreitamento daquele "espaço" de que todos, como gostamos de repetir, "precisamos cada vez em maior quantidade". E portanto também está eliminada a comunidade, entendida como um lugar de compartilhamento do bem-estar conjuntamente conseguido; como uma espécie de união que supõe a responsabilidade dos ricos e dá substância às esperanças dos pobres de que essa responsabilidade será assumida.

Comunidade

Isso não quer dizer que a "comunidade" esteja ausente do vocabulário da elite global, nem que, se mencionada, seja negada e censurada. É só que a "comunidade" da *Lebenswelt* da elite global é muito diferente daquela outra "comunidade" dos fracos e despossuídos. Em cada uma das duas linguagens em que aparece, a das elites globais e a dos deixados para trás, a noção de "comunidade" corresponde a experiências inteiramente diferentes e a aspirações contrastantes.

Por mais que prezem sua autonomia individual, e por mais confiança que tenham em sua capacidade pessoal e privada de defendê-la com eficiência e dela fazer bom uso, os membros da elite global por vezes sentem necessidade de fazer parte de alguma coisa. Saber que não estamos sós e que nossas aspirações pessoais são compartilhadas por outros pode conferir segurança. As pessoas que tropeçam entre uma escolha arriscada e outra (afinal todos vivemos na *Risikogesselschaft* e viver em tal mundo é uma *Risikoleben*) e que nunca têm certeza de que a escolha feita resultará na bem-aventurança que esperam, aceitam qualquer tipo de conforto.

Em nossos tempos, depois da desvalorização das opiniões locais e do lento mas constante desaparecimento dos "líderes locais de opinião" (problema que discuti de modo mais completo nos dois primeiros capítulos de *Globaliza-*

ção: As consequências humanas), restam duas autoridades, e só duas, capazes de conferir segurança aos juízos que pronunciam ou manifestam em suas ações: a autoridade dos *experts*, pessoas "que sabem" (cuja área de competência é excessivamente ampla para ser explorada e testada pelos leigos), e a autoridade do número (na suposição de que quanto maior o número, menor a chance de que estejam errados). A natureza da primeira autoridade faz dos extraterritoriais da *Risikogesselschaft* um mercado natural para a "explosão do aconselhamento". A natureza da segunda os leva a sonhar com a comunidade e dá forma à comunidade de seus sonhos.

Essa comunidade dos sonhos é uma extrapolação das lutas pela identidade que povoam suas vidas. É uma "comunidade" de semelhantes na mente e no comportamento; uma comunidade do *mesmo* — que, quando projetada na tela da conduta amplamente replicada/copiada, parece dotar a identidade individualmente escolhida de fundamentos sólidos que as pessoas que escolhem de outra maneira não acreditariam que possuíssem. Quando monotonamente reiteradas pelas pessoas em volta, as escolhas perdem muito de suas idiossincrasias e deixam de parecer aleatórias, duvidosas ou arriscadas: a tranquilizadora solidez de que sentiriam falta se fossem os únicos a escolher é fornecida pelo peso impositivo da massa.

Contudo, como já vimos, as pessoas envolvidas na luta pela identidade temem a vitória final mais do que uma sucessão de derrotas. A construção da identidade é um processo sem fim e para sempre incompleto, e assim deve permanecer para cumprir sua promessa (ou, mais precisamente, para manter a credibilidade da promessa). Na política-vida que envolve a luta pela identidade, a autocriação e a autoafirmação são os cacifes, e a liberdade de escolha é ao mesmo tempo a principal arma e o prêmio mais desejado. A vitória final de uma só tacada removeria os cacifes, inutilizaria a arma e cancelaria a recompensa. Para evitar que isso aconteça, a identidade deve continuar *flexível* e sempre passível de experimentação e mudança; deve ser o tipo de identidade "até nova ordem". A facilidade de desfazer-se de uma identidade no momento que ela deixa de ser satisfatória, ou deixa de ser atraente pela competição com outras identidades mais sedutoras, é muito mais importante do que o "realismo" da identidade buscada ou momentaneamente apropriada.

A "comunidade", cujos usos principais são confirmar, pelo poder do número, a propriedade da escolha e emprestar parte de sua gravidade à identidade a que confere "aprovação social", deve possuir os mesmos traços. Ela deve ser tão fácil de decompor como foi fácil de construir. Deve ser e permanecer flexível, nunca ultrapassando o nível "até nova ordem" e "enquanto for satisfatório". Sua criação e

Duas fontes do comunitarismo

desmantelamento devem ser determinados pelas escolhas feitas pelos que as compõem — por suas decisões de firmar ou retirar seu compromisso. Em nenhum caso deve o compromisso, uma vez declarado, ser irrevogável: o vínculo constituído pelas escolhas jamais deve prejudicar, e muito menos impedir, escolhas adicionais e diferentes. O vínculo procurado não deve ser vinculante para seus fundadores. Para usar as célebres metáforas de Weber, o que é procurado é um manto diáfano e não uma jaula de ferro.

Esses requisitos são preenchidos pela comunidade da *Crítica do juízo: A comunidade estética* de Kant. A identidade parece partilhar seu status existencial com a beleza: como a beleza, não tem outro fundamento que não o acordo amplamente compartilhado, explícito ou tácito, expresso numa aprovação consensual do juízo ou em conduta uniforme. Assim como a beleza se resume à experiência artística, a comunidade em questão se apresenta e é consumida no "círculo aconchegante" da experiência. Sua "objetividade" é tecida com os transitórios fios dos juízos subjetivos, embora o fato de que eles sejam tecidos juntos empreste a esses juízos um toque de objetividade.

Enquanto vive (isto é, enquanto é experimentada), a comunidade estética é atravessada por um paradoxo: uma vez que trairia ou refutaria a liberdade de seus membros se demandasse credenciais não negociáveis, tem que manter

Comunidade

as entradas e saídas escancaradas. Mas se tornasse pública a falta de poder vinculante, deixaria de desempenhar o papel tranquilizador que foi o primeiro motivo de adesão dos fiéis. É por isso que, como diz o novelista filósofo tcheco Ivan Klima,[4] "a fé substituta tem uma vida limitada na prateleira" e "quanto mais bizarra a crença, mais fanáticos seus aderentes". Quanto menos críveis forem as crenças expressas pelas escolhas (e, portanto, menos provável que sejam amplamente compartilhadas e menos ainda seguidas), tanto mais paixão será necessária para unir e manter unida a associação sabidamente vulnerável dos fiéis; e como a paixão é o único cimento que mantém a união dos fiéis, a vida "de prateleira" da "comunidade de juízo" tende a ser curta. As paixões são, afinal, notórias por sua volatilidade incurável e pelo modo como mudam. A necessidade da comunidade estética, notadamente do tipo de comunidade estética que serve à construção/destruição da identidade, tende por isso tanto à autoperpetuação quanto à autodestruição. Essa necessidade nunca será satisfeita, nem deixará de estimular a busca de sua satisfação.

A necessidade da comunidade estética gerada pela ocupação com a identidade é o campo preferencial que alimenta a indústria do entretenimento: a amplitude da necessidade explica em boa medida o sucesso impressionante e contínuo dessa indústria.

Duas fontes do comunitarismo

Graças à imensa capacidade advinda da tecnologia eletrônica, podem ser criados espetáculos que oferecem uma oportunidade de participação e um foco compartilhado de atenção a uma multidão indeterminada de espectadores fisicamente remotos. Devido à massividade mesma da audiência e à intensidade da atenção, o indivíduo se acha plena e verdadeiramente "na presença de uma força que é superior a ele e diante da qual ele se curva"; realiza-se a condição posta por Durkheim[5] para a capacidade tranquilizadora da orientação moral dada e imposta pela sociedade. A orientação opera nestes dias mais pela estética do que pela ética. Seu principal veículo não é mais a autoridade ética dos líderes com suas visões, ou dos pregadores morais com sua homilia, mas o exemplo das "celebridades à vista" (celebridades *porque* estão à vista); sua arma principal não está na sanção nem em seu poder, difuso mas bruto, de imposição. Como todos os objetos de experiência estética, a orientação insinuada pela indústria do entretenimento atua pela sedução. Não há sanções contra os que saem da linha e se recusam a prestar atenção — a não ser o horror de perder uma experiência que os outros (tantos outros!) prezam e de que desfrutam.

A autoridade das celebridades deriva da autoridade do número — ela aumenta (e diminui) com o número de espectadores, ouvintes, compradores de livros e de discos.

O aumento e diminuição de seu poder de sedução (e, portanto, de conforto) estão sincronizados com os movimentos dos pêndulos dos índices de audiência da tevê e da circulação dos tabloides; a rigor, a atenção dos gerentes da tevê aos índices de audiência tem uma justificativa sociológica mais profunda do que eles mesmos imaginam. Seguir as peripécias das celebridades não é uma simples questão de curiosidade ou apetite pelo divertimento. A autoridade do número torna os "indivíduos à vista do público" exemplos de autoridade: confere ao exemplo uma gravidade adicional. De fato, se muitas pessoas as olham com atenção, seu exemplo deve ser "superior" ao que um simples espectador ou uma simples espectadora poderia aprender de sua própria experiência de vida. Como diz Klima, citando *A User's Guide to the Millennium* [*Manual do usuário do milênio*], de J. G. Ballard,

> entrevistas povoam as ondas, um papo confessional inteiramente aberto à bisbilhotice. A cada minuto políticos e atores, romancistas e celebridades da mídia são questionados sem cessar sobre seu assunto favorito. Muitos descrevem sua infância infeliz, alcoolismo e casamentos fracassados com uma franqueza que acharíamos embaraçosa mesmo entre nossos amigos mais íntimos, que dirá na presença de completos estranhos.

Duas fontes do comunitarismo

O que os ávidos espectadores esperam das confissões públicas das pessoas na ribalta é a confirmação de que sua própria solidão não é apenas tolerável, mas, com alguma habilidade e sorte, pode dar bons frutos. Mas o que os espectadores que se deleitam com as confissões das celebridades recebem como primeira recompensa é a sensação de fazer parte: o que lhes é prometido todo dia ("a quase qualquer momento") é uma comunidade de solitários. Ao ouvir as histórias de infância infeliz, surtos de depressão e casamentos desfeitos ficam seguros de que viver em solidão significa estar em boa (e muito célebre) companhia e de que enfrentá-la por conta própria é o que os torna membros de uma comunidade.

Klima também diz que as pessoas hoje em dia "precisam de ídolos que lhes deem um senso de segurança, permanência e estabilidade num mundo cada vez mais inseguro, dinâmico e mutável". Sim, elas precisam de ídolos — mas o erro de Klima é acreditar que elas precisam deles para "o senso de permanência e estabilidade". Num mundo notoriamente "dinâmico e mutável", a permanência e estabilidade do indivíduo, ostensivamente não compartilhadas pelas pessoas à volta, seriam uma receita de desastre. Os ídolos servem a outro propósito: sugerir que a *não permanência* e a *instabilidade* não são desastres completos, e podem acabar premiadas na loteria da felicidade; pode-se

Comunidade

construir uma vida sensível e agradável em meio a areias movediças. Os ídolos, portanto — aqueles que são verdadeiramente "necessários" —, devem ser portadores da mensagem de que a não permanência está aqui para ficar, mostrando, ao mesmo tempo, que a instabilidade deve ser apreciada e experimentada. Enquanto cortesia da indústria da ilusão, não há falta de tais ídolos. Klima enumera alguns:

> Jogadores de futebol, de hóquei sobre o gelo, de tênis e de basquete, guitarristas, cantores, atores de cinema, apresentadores de tevê e top models. Ocasionalmente — e apenas simbolicamente — a eles se junta algum escritor, pintor ou estudioso, vencedor do prêmio Nobel (há quem se lembre de seus nomes um ano depois?) ou princesa — sua morte trágica lembrando a antiga tradição dos mártires — até que também ela seja esquecida.

Vê-se que a seleção não é aleatória ou sem motivo. Como observa o próprio Klima, "não há nada tão transitório como o entretenimento e a beleza física, e os ídolos que os simbolizam são igualmente efêmeros". Esse é, na verdade, o ponto fundamental. Para que sirvam a seu propósito, os ídolos devem ser brilhantes a ponto de ofuscar os espectadores e formidáveis a ponto de ocupar inteiramente o palco; mas devem ser também voláteis e móveis — de

Duas fontes do comunitarismo

maneira a poderem desaparecer rapidamente da memória deixando a cena para a multidão dos ídolos à espera da vez. Não deve haver tempo para a sedimentação de laços duradouros entre os ídolos e seus fãs, e nenhum ídolo em particular deve ter uma presença duradoura. Os espectadores ficam encantados durante o que, ao longo de suas vidas, não parece mais que um instante passageiro. Os túmulos dos ídolos precocemente desaparecidos constituirão no curso da vida dos espectadores verdadeiros marcos, que serão visitados e receberão flores nos aniversários; mas dependerá dos espectadores, que desde então mudaram, recuperar do esquecimento os desaparecidos por mais um instante passageiro. Os ídolos seguem o padrão de "impacto máximo e obsolescência instantânea" que, segundo George Steiner, caracteriza todas as invenções culturais da "cultura de cassino" dos nossos tempos.

Os ídolos realizam um pequeno milagre: fazem acontecer o inconcebível; invocam a "experiência da comunidade" sem comunidade real, a alegria de fazer parte sem o desconforto do compromisso. A união é *sentida* e *vivida* como se fosse real, mas não é contaminada pela dureza, inelasticidade e imunidade ao desejo individual que Durkheim considerava atributos da realidade, mas que os habitantes móveis da extraterritorialidade detestam como uma intromissão indevida e insuportável em sua liberdade. Os ídolos, pode-se

Comunidade

dizer, foram feitos sob encomenda para uma vida fatiada em episódios. As comunidades que se formam em torno deles são comunidades instantâneas prontas para o consumo imediato — e também inteiramente descartáveis depois de usadas. Trata-se de comunidades que não requerem uma longa história de lenta e cuidadosa construção, nem precisam de laborioso esforço para assegurar seu futuro. Enquanto são festiva e alegremente consumidas, as comunidades centradas em ídolos são difíceis de distinguir das "comunidades verdadeiras" — mas comparadas a elas exibem a vantagem de estarem livres dos "visgos" e embaraços das *Gemeinschaften* ordinárias, com sua odiosa tendência a sobreviver à própria utilidade. O truque das comunidades estéticas em torno de ídolos é transformar a "comunidade" — adversária temida da liberdade de escolha — numa manifestação e confirmação (genuína ou ilusória) da autonomia individual.

Nem todas as comunidades estéticas são centradas em ídolos. O papel da "celebridade na ribalta" pode ser desempenhado por outras entidades, notadamente uma ameaça real ou imaginária, mas terrificante (por exemplo, por uma intenção de localizar um asilo próximo a uma área residencial, ou pelo rumor de que as prateleiras do supermercado estão cheias de alimentos geneticamente modificados com consequências desconhecidas para os consumidores), ou pela figura de um "inimigo público" (por exemplo, por

Duas fontes do comunitarismo

um pedófilo à solta depois de libertado da prisão, ou por mendigos, ou desagradáveis vagabundos sem teto dormindo ao relento). Às vezes uma comunidade estética se forma em torno de um evento festivo recorrente — como um festival pop, uma partida de futebol ou uma exibição na moda, muito falada e que atrai multidões. Outras comunidades estéticas se formam em torno de "problemas" com que muitos indivíduos se deparam em sua rotina diária (por exemplo, os vigilantes do peso); esse tipo de "comunidade" ganha vida pela duração do ritual semanal ou mensal previsto, e se dissolve outra vez, tendo assegurado a seus membros que enfrentar os problemas individuais individualmente, usando a habilidade individual, é a coisa certa e uma coisa que todos os outros indivíduos fazem com sucesso; nunca haverá uma derrota definitiva.

Todos esses agentes, eventos e interesses servem como "cabides" em que as aflições e preocupações experimentadas e enfrentadas individualmente são temporariamente penduradas por grande número de indivíduos — para serem retomadas em seguida e penduradas alhures: por essa razão as comunidades estéticas podem ser chamadas de "comunidades-cabide". Qualquer que seja o foco, a característica comum das comunidades estéticas é a natureza superficial, perfunctória e transitória dos laços que surgem entre seus participantes. Os laços são descartáveis e pouco duradou-

Comunidade

ros. Como está entendido e foi acertado de antemão que esses laços podem ser desmanchados, eles provocam poucas inconveniências e não são temidos.

Uma coisa que a comunidade estética definitivamente não faz é tecer entre seus membros uma rede de *responsabilidades éticas* e, portanto, de *compromissos a longo prazo.* Quaisquer que sejam os laços estabelecidos na explosiva e breve vida da comunidade estética, eles não vinculam verdadeiramente: eles são literalmente "vínculos sem consequências". Tendem a evaporar-se quando os laços humanos realmente importam — no momento em que são necessários para compensar a falta de recursos ou a impotência do indivíduo. Como as atrações disponíveis nos parques temáticos, os laços das comunidades estéticas devem ser "experimentados", e experimentados no ato — não levados para casa e consumidos na rotina diária. São, pode-se dizer, "laços carnavalescos" e as comunidades que os emolduram são "comunidades carnavalescas".

Esse não é, contudo, o estímulo que leva os indivíduos de jure (isto é, indivíduos "nomeados" — aconselhados a resolver seus problemas por seus próprios meios pela simples razão de que ninguém mais fará isso por eles), que lutam em vão para tornar-se indivíduos de facto (isto é, senhores do próprio destino por meio de atos e não meramente em declarações públicas), a procurarem um tipo de comuni-

Duas fontes do comunitarismo

dade que possa, coletivamente, tornar realidade algo de que sentem falta e que sozinhos não conseguem concretizar. A comunidade que procuram seria uma comunidade *ética*, em quase tudo o oposto do tipo "estético". Teria que ser tecida de compromissos de longo prazo, de direitos inalienáveis e obrigações inabaláveis, que, graças à sua durabilidade prevista (melhor ainda, institucionalmente garantida), pudesse ser tratada como variável dada no planejamento e nos projetos de futuro. E os compromissos que tornariam ética a comunidade seriam do tipo do "compartilhamento fraterno", reafirmando o direito de todos a um seguro comunitário contra os erros e desventuras que são os riscos inseparáveis da vida individual. Em suma, o que os indivíduos de jure, mas decididamente não de facto, provavelmente veem na comunidade é uma garantia de certeza, segurança e proteção — as três qualidades que mais lhes fazem falta nos afazeres da vida e que não podem obter quando isolados e dependendo dos recursos escassos de que dispõem em privado. Esses dois modelos muito diferentes de comunidade são muitas vezes misturados e confundidos no "discurso comunitário" hoje em moda. Uma vez misturados, as importantes contradições que os opõem são falsamente apresentadas como problemas filosóficos e dilemas a serem resolvidos pelo refinamento do raciocínio — em lugar de serem apresentadas como o produto dos genuínos conflitos sociais que na realidade são.

· 6 ·

Direito ao reconhecimento, direito à redistribuição

Uma das características mais importantes da modernidade em seu estado "sólido" era uma visão a priori de um "estado final" que seria o eventual ponto culminante dos esforços correntes de construção da ordem, ponto no qual se deteriam — fosse ele um estado de "economia estável", "de um sistema em equilíbrio", de uma "sociedade justa" ou um código de "direito e ética racionais". A modernidade diluída, por outro lado, liberta as forças da mudança, como a bolsa de valores ou os mercados financeiros: deixa que as pessoas "encontrem seu próprio nível" para que depois procurem níveis melhores ou mais adequados — nenhum dos níveis presentes, por definição transitórios, é visto como final e irrevogável. Fiéis ao espírito dessa transformação, os operadores políticos e porta-vozes culturais do "estágio líquido" praticamente abandonaram o modelo da justiça social como horizonte último da sequência de tentativas e erros — em favor de uma regra/padrão/medida de "direitos humanos" que passa a guiar a infindável experimentação com formas de coabitação satisfatórias ou pelo menos aceitáveis.

Se os modelos de justiça social tentam ser substantivos e compreensivos, o princípio dos direitos humanos não pode deixar de ser formal e aberto. A única "substância" desse princípio é um convite renovado a registrar velhas reivindicações não atendidas, a articular outras demandas e a acreditar no reconhecimento delas. Supõe-se que a questão de quais dentre os muitos direitos e dos muitos grupos que demandam reconhecimento possam ter sido esquecidos, negligenciados ou insuficientemente considerados não pode ser decidida de antemão. O conjunto das respostas possíveis a essa pergunta nunca é em princípio fechado e completo, e cada resposta está aberta à renegociação; na prática, aberta a "batalhas de reconhecimento" — isto é, repetidas demonstrações de força para descobrir o quanto o adversário pode ser empurrado para trás, de quantas de suas prerrogativas ele poderá ser forçado a abrir mão e que parte da reivindicação ele poderá ser persuadido, compelido ou subornado a reconhecer. Com todas as suas ambições universalistas, a consequência prática do apelo aos "direitos humanos" e da busca do reconhecimento é uma situação envolvendo sempre novas frentes de batalha e um traçar

Comunidade

e retraçar das linhas divisórias que propiciarão conflitos sempre renovados.

Como sugeriu Jonathan Friedman,[1] fomos lançados num mundo ainda inexplorado de modernidade sem modernismo; embora continuemos a ser movidos pela paixão eminentemente moderna pela transgressão emancipatória, não temos mais uma visão clara de seu propósito ou destino último. Trata-se de uma formidável reviravolta; e, no entanto, muito mais mudou. A nova elite global do poder, extraterritorial e não mais interessada, quando não ressentida, pelo "engajamento de campo" (particularmente um engajamento de longo prazo do tipo "até a morte"), abandonou a maioria, senão todas as ambições, comuns às elites modernas, de produzir uma nova e melhor ordem — e também perdeu o outrora voraz apetite pela administração da ordem e seu gerenciamento diário. Os projetos de "alta civilização, alta cultura e alta ciência" — convergentes e unificadores nas intenções quando não na prática — não estão mais na moda, e aqueles que surgem e ocasionalmente circulam são tratados como produtos de ficção científica: são louvados principalmente por seu valor enquanto entretenimento e provocam pouco mais que um interesse passageiro. Como diz o próprio Friedman, "na decadência do modernismo, o que sobra é simplesmente a própria diferença, e sua acumulação". Não há falta de diferenças: "uma das coisas que não está desaparecendo são as fronteiras. Ao contrário, parecem ser erigidas em cada esquina de cada uma das vizinhanças decadentes de nosso mundo".

É da natureza dos "direitos humanos" que, embora se destinem ao gozo *em separado* (significam, afinal, o direito a ter a diferença reconhecida e a continuar diferente sem temor a reprimendas ou punição), tenham que ser obtidos através de uma luta *coletiva*, e só possam ser garantidos coletivamente. Daí o zelo pelo traçado das fronteiras e pela construção de postos de fronteira estritamente vigiados. Para tornar-se um "direito", a diferença tem que ser compartilhada por um grupo ou categoria de indivíduos suficientemente numeroso e determinado para merecer consideração: precisa tornar-se um cacife numa reivindicação *coletiva*. Na prática, porém, tudo se reduz ao controle de movimentos individuais — demandando lealdade inabalável de alguns indivíduos considerados como os portadores da diferença reivindicada, e barrando o acesso a todos os demais.

A luta pelos direitos individuais e sua alocação resulta numa intensa construção comunitária — na escavação de trincheiras e no treinamento e armamento de unidades de assalto: impedir a entrada de intrusos, mas também a saída dos de dentro; em uma palavra: em cuidadoso controle dos vistos de entrada e de saída. Se ser e permanecer diferente é um valor em si mesmo, uma qualidade digna de ser preservada a qualquer custo, mesmo com luta, um clarim é tocado para o alistamento, a formação e a ordem-unida. Antes, porém, a diferença adequada ao reconhecimento sob a rubrica dos "direitos humanos" precisa ser encontrada ou construída. É graças à combinação de todas essas razões que o princípio dos "direitos humanos" age como um catalisador que estimula a produção e perpetuação da diferença, e os esforços para construir uma comunidade em torno dela.

Nancy Fraser[2] estava, portanto, certa ao protestar contra "a indiscriminada separação da política cultural da diferença em relação à política social da igualdade" e ao insistir em que a "justiça hoje requer *tanto* a redistribuição *quanto* o reconhecimento".

> Não é justo que alguns indivíduos ou grupos vejam negado seu status de plenos parceiros na interação social simplesmente em consequência de padrões institucionalizados de valor cultural de cuja construção não participaram com igualdade e que menosprezam suas características distintivas ou as características distintivas a eles atribuídas.

Por razões que já devem ter ficado claras, a lógica das "guerras pelo reconhecimento" prepara os combatentes para a absolutização da diferença. Há um traço fundamentalista difícil de reduzir, e menos ainda silenciar, em qualquer reivindicação de reconhecimento, e ele tende a tornar "sectárias", nos termos de Fraser, as demandas por reconhecimento. Colocar a questão do reconhecimento no quadro da justiça social, em vez do contexto da "autorrealização" (onde, por exemplo, Charles Taylor ou Axel Honneth, junto com a tendência "culturalista" hoje dominante, preferem colocá-la), pode ter um efeito de desintoxicação: pode remover o veneno do sectarismo (com todas as suas pouco atraentes consequências: separação física ou social, quebra da comunicação, hostilidades perpétuas e mutuamente exacerbadas) do ferrão das demandas por reconhecimento. As demandas por redistribuição feitas em nome da igualdade são veículos de integração, enquanto as demandas por reconhecimento em meros termos de distinção cultural promovem a divisão, a separação e acabam na interrupção do diálogo.

Por último, mas não menos importante, juntar as "guerras pelo reconhecimento" à demanda por igualdade pode também deter o reconhecimento da diferença à beira do precipício relativista. De fato, se o "reconhecimento" for definido como o direito à participação na interação social em condições de igualdade, e se esse direito for por sua vez concebido como uma questão de justiça social, isso não quer dizer que (citando Fraser uma vez mais) "todos tenham direitos iguais à estima social" (ou que, em outras palavras, todos os valores sejam iguais e que cada uma das diferenças mereça ser cultivada simplesmente por ser uma diferença), mas apenas que "todos têm direito de procurar a estima social em condições de igualdade". Quando postas à força na moldura da autoafirmação e da autorrealização, as guerras pelo reconhecimento trazem à tona seu potencial combativo (e, como demonstra muito bem a experiência recente, em última análise, genocida). Se, porém, forem devolvidas à problemática da justiça social que lhes corresponde, as reivindicações ao reconhecimento e a política de esforços de reconhecimento se tornam um terreno fértil para o comprometimento mútuo e o diálogo significativo, que poderão eventualmente levar a uma nova unidade — em verdade, uma ampliação e não um estreitamento do âmbito da "comunidade ética".

Não se trata de filigranas filosóficas; a elegância filosófica do argumento ou a conveniência da teorização não estão aqui em jogo, e com certeza não só elas. A mescla de justiça distributiva com uma política de reconhecimento é, pode-se dizer, uma consequência natural da moderna promessa de justiça social nas condições da "modernidade líquida", ou, como diz Jonathan Friedman, "modernidade sem modernismo", que é, como sugere Bruno Latour,[3] a era da reconciliação com a perspectiva da coexistência perpétua e, portanto, uma condição que acima de tudo precisa da arte da coabitação pacífica e caridosa; uma era em que não se pode mais ter (ou mesmo querer ter) a esperança de uma erradicação completa e radical da miséria humana, seguida de uma condição humana livre de conflitos e de sofrimentos. Para que a ideia da "boa sociedade" possa reter seu sentido numa situação de modernidade líquida, ela precisa significar uma sociedade que cuida de "dar a todos uma oportunidade" e, portanto, da remoção dos muitos impedimentos a que a oportunidade seja aproveitada. Agora sabemos que os impedimentos em questão não podem ser removidos de um só golpe, por um ato de imposição de outra ordem planejada — e assim a única estratégia disponível para realizar o postulado da "sociedade justa" é a eliminação dos impedimentos à distribuição equitativa das oportunidades uma a uma, à medida que se revelam e são trazidas à atenção pública graças à articulação, manifestação e esforço das sucessivas demandas por reconhecimento. Nem todas as diferenças têm o mesmo valor, e alguns modos de vida e formas de união são eticamente superiores a outras; mas não há forma de definir qual é o que, a menos que seja dada a todas a oportunidade de defender e fundamentar seu pleito. A forma de vida que poderá emergir ao fim da negociação não é uma conclusão determinada de antemão e não pode ser deduzida segundo as regras da lógica dos filósofos.

"Na verdade", como insistia Cornelius Castoriadis,[4] "nenhum problema é resolvido de antemão. Temos que criar o bem em condições incertas e com conhecimento imperfeito. O projeto de autonomia é fim e guia, mas não resolve efetivamente situações reais." Pode-se dizer que a liberdade de articular e perseguir demandas por reconhecimento é a principal condição da autonomia, da capacidade prática de autoconstituição (e, portanto, potencialmente, do autoavanço) da sociedade em que vivemos; e que nos dá a possibilidade de que nenhuma injustiça ou privação será esquecida, posta de lado ou de outra forma impedida de assumir sua correta posição na longa linha de "problemas" que clamam por solução. Como observou o próprio Castoriadis,

> o alfa e ômega de qualquer pleito é o exercício da criatividade social — que, se liberada, deixaria novamente para trás tudo o que hoje somos capazes de pensar [...]. "Convencer" as pessoas "pelo uso da razão" significa hoje ajudá-las a atingirem sua própria autonomia.

Castoriadis se esforça por sublinhar que não "respeita a diferença dos outros simplesmente enquanto diferença e sem consideração pelo que eles são e pelo que fazem". O reconhecimento do "direito humano", o direito de lutar pelo reconhecimento, não é o mesmo que assinar um cheque em branco e não implica uma aceitação a priori do modo de vida cujo reconhecimento foi ou está para ser pleiteado. O reconhecimento de tal direito é, isso sim, um convite para um diálogo no curso do qual os méritos e deméritos da diferença em questão possam ser discutidos e (esperemos) acordados, e assim difere radicalmente não só do fundamentalismo universalista que se recusa a reconhecer a pluralidade de formas que a humanidade pode assumir, mas também do tipo de tolerância promovido por certas variedades de uma política dita "multiculturalista", que supõe a natureza essencialista das diferenças e, portanto, também a futilidade da negociação entre diferentes modos de vida. O ponto de vista sugerido por Castoriadis tem que se defender em duas frentes: contra o comprometimento que toma a forma de cruzadas culturais e homogeneização opressiva; e contra a indiferença soberba e desengajamento do descomprometimento.

Sempre que a questão do "reconhecimento" é levantada é porque certa categoria de pessoas se considera relativamente prejudicada e não vê fundamento para essa privação. Como sabemos pelo estudo clássico da injustiça de Barrington Moore Jr., as queixas de privação raramente eram manifestadas no passado simplesmente porque grupos de pessoas se encontrassem em condições de desigualdade (se isso

Comunidade

acontecesse, o número relativamente pequeno de rebeliões ao longo da história humana seria um mistério). Baixos padrões de vida, por mais infames, miseráveis e repulsivos para um observador de fora, foram em geral suportados com humildade e não levaram à resistência quando duraram por longo tempo e foram incorporados pelas vítimas como "naturais". Os despossuídos se rebelaram não tanto contra o horror de sua existência como contra uma "volta do parafuso", contra terem que enfrentar mais demandas ou receber menores recompensas do que antes; em uma palavra, não se rebelaram contra condições repugnantes, mas contra a mudança abrupta das condições a que estavam acostumados e suportavam. A "injustiça" contra a qual estavam prontos a se rebelar era medida em relação às suas condições de ontem e não pela comparação invejosa com as outras pessoas à volta.

Essa regra, que operou durante a maior parte da história humana, começou a perder seu potencial normativo com o advento da modernidade, e agora o perdeu de vez. Dois aspectos da vida moderna reduziram esse poder de modo mais radical do que quaisquer outras mudanças trazidas na esteira da modernidade.

O primeiro foi a proclamação do prazer, ou a felicidade, como propósito supremo da vida, e a promessa feita em nome da sociedade e de seus poderes de garantir as condições

Direito ao reconhecimento, direito à redistribuição

que permitissem um crescimento contínuo e persistente do total disponível de prazer e felicidade. Como sugeriu Harvie Ferguson,[5] a visão de mundo do burguês, ao mesmo tempo personagem principal ditador do ritmo e roteirista involuntário do moderno drama do progresso inevitável e infinito, "pode ser entendida como... a busca do prazer", guiada pela "insaciabilidade regulada". Note-se, contudo, que, quando se torna o principal objetivo da vida e medida de seu sucesso, a busca do prazer elimina a antiga autoridade que levava o camponês pré-moderno de Barrington Moore Jr. a tratar de maneira respeitosa as *Rechtsgewohnenheiten* (velhos direitos, velhas maneiras) e a sentir-se obrigado a lutar se — e apenas se — os antigos costumes fossem ameaçados. O fato de que o problema seja recente deixa de ser um argumento a favor da complacência. Deixa de ter sentido medir a justiça de nossa própria condição apelando para a memória — são todas, ao contrário, as razões para comparar nosso próprio pleito com os prazeres hoje em oferta, acessíveis a outras pessoas, mas que nos foram negados. A "injustiça" mudou de sentido: hoje significa ser deixado para trás no movimento universal em direção a uma vida cheia de prazeres.

Como observou Jacques Ellul,[6]

> Ao longo de sua história, os homens se colocaram certos objetivos que não derivavam do desejo de felicidade e que não

inspiravam ações em busca da felicidade; por exemplo, no que diz respeito ao problema da sobrevivência, da estruturação de um grupo social, das operações ou ideologia técnica, a preocupação com a felicidade não aparece [...] [Foi portanto uma novidade proclamada pela revolução moderna] a possibilidade de produção da abundância e de garantia de uma vida material melhor, uma vida mais fácil, longe do perigo, do cansaço, da repetição, da doença e da fome.

A sociedade moderna proclamava o direito à felicidade: não era só a melhoria do padrão de vida, mas o grau de felicidade dos homens e mulheres envolvidos que devia justificar (ou condenar, caso aquele grau se recusasse a chegar a níveis cada vez mais altos) a sociedade e todas as suas obras. A busca da felicidade e a esperança de sucesso tornaram-se "a motivação principal da participação do indivíduo na sociedade". Tendo recebido tal papel, a busca da felicidade se transformou, da mera oportunidade que era, num dever e no supremo princípio ético. Os obstáculos responsabilizados ou suspeitos de bloquear essa busca passaram a constituir o sistema de injustiça e uma causa legítima de rebelião.

O segundo ponto de partida não podia deixar de se seguir à revolução axiológica em discussão. E dizia respeito ao significado da "privação relativa" que veio a estimular queixas e ações corretivas: deixou de ser *diacrônica* (medida em relação a uma condição passada) para tornar-se *sincrônica* (medida em relação à condição de outras categorias de pessoas). O quadro de referência em que uma má condição de vida costumava ser percebida como "privação", e, portanto, injusta (isto é, justificando resistência), era a condição lembrada e aceita como "normal". "Privação" significava ruptura da norma, anormalidade; a condição presente devia ser percebida como pior que a passada para ser vista como injusta. Com o advento da modernidade, que prometia um aumento regular da felicidade, o que passou a ser o signo da privação foi a própria constância do padrão de vida e a falta de sinais visíveis de progresso; se o padrão de vida de outras categorias de pessoas melhorasse, e o nosso não, ou se melhorasse mais rápida ou espetacularmente do que o nosso, uma condição que outrora fora sofrida em silêncio poderia ser reformulada como caso de privação e ser percebida como violação da justiça. O que agora importava eram "diferenciais de renda". A desigualdade de riqueza e de renda enquanto tais não podiam ser consideradas justas ou injustas — sendo meramente, gostássemos ou não, "as coisas como elas eram"; mas qualquer aumento da distância entre nossos padrões e os daqueles logo acima, ou qualquer estreitamento da distância entre nós e aqueles logo abaixo, ofendia o sentido de justiça e inspirava demandas redistributivas.

Qual dos numerosos diferenciais de renda haveria de ser selecionado como padrão da justiça distributiva, acompanhado de perto e transformado no lugar da disputa não podia ser decidido por uma medida objetiva de tamanho. O fator decisivo era a proximidade ou distância social entre as categorias remuneradas de maneira diferente e pela intensidade da interação entre elas. Como indicou Max Weber,[7] a similaridade de condição e status não assegura automaticamente uma ação unificada, da mesma forma que a dissimilaridade não leva necessariamente ao conflito. Para que ocorram unidade e conflito, um mero agregado de unidades similares tem que ser transformado antes numa comunidade agindo em uníssono para então poder se opor contra outro grupo apresentado como o "vilão da história" — seja como objeto de comparação invejosa, embora legítima, ou como agente responsável pelas injustiças na distribuição. "O fato de a identidade ou similaridade da situação típica em que um indivíduo dado e muitos outros encontrem definidos seus interesses" não é suficiente para transformar uma mera similaridade de privação individualmente sofrida numa comunidade pronta para lutar pelo "interesse comum". Entre os requisitos adicionais necessários à transformação, Weber menciona "a possibilidade de concentrar-se em opositores nos quais o conflito imediato de interesses é vital" e "a possibilidade técnica de reunião".

Note-se que as duas condições se referem ao *engajamento*: estreitos laços entre os membros da emergente "comunidade de interesses" e contato permanente com aqueles que supostamente ameaçam tais interesses.

Nenhum dos requisitos que segundo Weber deveriam existir para que surgisse a "comunidade de interesses" se dá hoje. Para começar, a "identidade ou similaridade da situação típica", que Weber podia dar por assente graças ao mecanismo de negociação coletiva e aos contratos coletivamente assinados e coletivamente vinculantes, não dá mais garantia alguma. Com os sindicatos desabilitados como sujeitos coletivos e quase incapazes de estimular uma ação una e continuada, a "identidade da situação típica" é tudo menos evidente e deixou de ser a principal experiência dos empregados. A remuneração tende a ser estabelecida individualmente, a promoção e as demissões não estão mais sujeitas a regras impessoais, as carreiras são tudo menos fixas; nessas circunstâncias, a competição entre os indivíduos é mais importante do que unir-se a "outros em condições semelhantes".

O que mais importa, contudo, é que os laços com os "outros em condições semelhantes" tendem a ser frágeis e ostensivamente transitórios. Estabelecer e solidificar laços humanos toma tempo, e ganha com a visão de perspectivas futuras. Hoje, porém, a união tende a ser de curto prazo e

Comunidade

destituída de perspectivas — para não falar de um futuro garantido. O mesmo vale para os "opositores aos quais o conflito de interesses pode ser dirigido"; são tão móveis e voláteis como candidatos potenciais para a união de interesses. A possível comunidade de interesses está condenada antes de se reunir e tende a se dissolver antes mesmo de se solidificar. Não há forças ou pressões, de dentro ou de fora, suficientemente fortes para manter estáveis suas fronteiras e torná-la uma frente de batalha.

A proximidade já não garante a intensidade da interação; e o que é mais grave, não se pode confiar na duração de qualquer interação que surja na base da proximidade, e inscrever as expectativas de uma vida individual na perspectiva de sua longevidade já não é um passo óbvio ou sensato. Na ausência de uma base comunitária para as comparações, a "privação relativa" perde muito de seu sentido e muito do papel que desempenhou na avaliação do status e na escolha de uma estratégia de vida. Acima de tudo, sobrou pouco de sua outrora poderosa capacidade de geração de comunidade. A percepção da injustiça e das queixas que ela faz surgir, como tantas outras coisas nestes tempos de desengajamento que definem o estágio "líquido" da modernidade, passou por um processo de *individualização*. Supõe-se que os problemas sejam sofridos e enfrentados solitariamente e são especialmente inadequados à agregação numa comu-

Direito ao reconhecimento, direito à redistribuição

nidade de interesses à procura de soluções coletivas para problemas individuais.

Uma vez perdido o caráter coletivo das queixas, podemos também esperar o desaparecimento dos "grupos de referência" que ao longo dos tempos modernos serviram como padrão de medida da privação relativa. Isso de fato está acontecendo. A experiência da vida como procura inteiramente individual redunda numa percepção das fortunas e infortúnios de outras pessoas como resultado principalmente de seu próprio esforço ou indolência, com a adição de um toque pessoal de boa sorte ou um golpe individualmente desferido de má sorte ("catástrofes naturais", como terremotos, enchentes ou secas, sendo as únicas exceções; tais exceções, porém, não são suficientes para deter a desvalorização da ação comunitária ou restaurar parte do valor que já perdeu — pois não há esforço de imaginação que nos permita visualizar o adiamento desse tipo de desastre pela decisão de unir forças). Comparações fundadas na inveja, quando feitas, tendem a inspirar inveja pessoal e a aumentar a preocupação com nossa própria astúcia, em lugar de provocar instintos comunitários e construir uma imagem de conflito de interesses.

O colapso dos "grupos de referência" e a individualização da ideia de privação relativa coincidiu com um aumento espetacular dos diferenciais reais de riqueza e renda, sem precedentes na era moderna. O abismo entre os ricos e os pobres, e entre os mais ricos e os mais pobres, se amplia ano a ano tanto entre as sociedades como dentro delas, em escala global e dentro de cada Estado. Nos EUA, país mais rico do mundo, e ao mesmo tempo capital mundial dos conflitos de interesses e das lutas em torno de reivindicações, a renda dos chefes das grandes empresas era 419 vezes maior que a dos trabalhadores manuais em 1999 (meros dez anos antes era apenas 42 vezes maior).[8] Não se trata de uma simples questão de extremos; nem de uma questão relativa a um pequeno setor das elites globais autoconfiantes atribuindo-se vantagens que ninguém tem força suficiente para impedir ou revogar, e a um setor um pouco maior, mas ainda relativamente menor, da população como um todo deixada de fora quando todos os demais entravam na festa de consumo cada vez mais opulenta. Como observa Richard Rorty,[9]

o aburguesamento do proletariado branco que teve início na Segunda Guerra Mundial e continuou com a Guerra do Vietnã foi detido, e o processo deu para trás. A América está agora proletarizando sua burguesia [...]. A questão agora é saber se um casal médio, ambos trabalhando em tempo integral, será capaz de trazer para casa mais que US$ 30 mil por ano [...]. Mas 30 mil dólares anuais não permitirão a casa própria nem atendimento decente para as crianças. Num país que não acredita no transporte público nem num seguro-saúde nacional, essa renda permite a uma família de quatro pessoas apenas uma humilhante subsistência. Tal família, tentando sobreviver com essa renda, será constantemente atormentada pelo temor da redução de salário e do *downsizing*, e pelas consequências desastrosas de qualquer doença, mesmo as menos graves.

Os dois desenvolvimentos — o colapso das demandas coletivas por redistribuição (e em termos mais gerais a substituição dos critérios de justiça social pelos do respeito à diferença reduzida à distinção cultural) e o crescimento selvagem da desigualdade — estão intimamente relacionados. Não há nada de *acidental* nessa *coincidência.* Libertar as demandas por reconhecimento de seu conteúdo redistributivo permite que a crescente ansiedade individual e o medo gerados pela precariedade da vida na "modernidade líquida" sejam canalizados para fora da área política — único território onde poderiam se cristalizar numa ação redentora e radical — bloqueando suas fontes sociais.

Quando esboçou os caminhos que levavam da semelhança de status à ação comunal, Weber estava certo ao fazer algumas suposições tácitas sobre a natureza da situação social em que a passagem tem lugar e que é necessária

Comunidade

para que ela seja possível. Essas suposições já não podem ser feitas: a situação social ficou irreconhecível. Um dos aspectos mais originais dessa mudança é a separação entre a "questão do reconhecimento" e a da redistribuição. Demandas por reconhecimento tendem hoje em dia a ser apresentadas sem referência à justiça distributiva. Quando isso acontece, suposições tácitas também são feitas, mas, ao contrário das suposições de Weber, elas são contrafactuais. O que se supõe, afinal, é que ter assegurado legalmente o direito de escolha significa ser livre para escolher — o que não é o caso. No caminho de uma versão "culturalista" do direito humano ao reconhecimento, a tarefa não realizada do direito humano ao bem-estar e a uma vida vivida com dignidade se perdeu.

· 7 ·

Da igualdade ao multiculturalismo

Em todo o mundo contemporâneo parece haver uma importante exceção ao processo aparentemente infindável de desintegração do tipo ortodoxo de comunidade: as chamadas "minorias étnicas". Elas parecem reter plenamente o caráter atributivo do pertencimento comunal, a condição da reprodução contínua da comunidade. Por definição, no entanto, a atribuição não é questão de escolha; e de fato as escolhas que intervêm na reprodução das minorias étnicas enquanto comunidades são produto de coação mais que de liberdade de escolha, e têm pouca semelhança com o tipo de decisão livre imputada ao consumidor livre numa sociedade liberal. "Valores comunais", como observou Geoff Dench,[1]

> giram em torno de pertencimento ao grupo do qual em princípio não se pode escapar [...]. O pertencimento ao grupo é

Comunidade

designado pelas coletividades fortes sobre as mais fracas, sem se considerar a base subjetiva das identidades alocadas.

As pessoas são designadas como de "minoria étnica" sem que lhes seja pedido consentimento. Podem ficar satisfeitas com a situação, ou passar mais tarde a gostar dela, e até lutar por sua perpetuação sob alguma palavra de ordem do tipo "*black is beautiful*". O problema, contudo, é que isso não influencia o estabelecimento das fronteiras, que é administrado pelas "comunidades poderosas", e perpetuado pela circunstância dessa administração. As condições da separação cultural e da redução da comunicação entre culturas, que Robert Redfield considerava indispensáveis para a formação e sobrevivência de uma cultura, são, portanto, preenchidas, mas não da maneira concebida por Redfield, ao generalizar a partir de sua experiência antropológica: as "minorias étnicas" são antes e acima de tudo produtos de "limites impostos de fora" e só secundariamente do autocerceamento.

"Minoria étnica" é uma rubrica sob a qual se escondem ou são escondidas entidades sociais de tipos diferentes, e o que as faz diferentes raramente é explicitado. As diferenças não derivam dos atributos da minoria em questão, e ainda menos de qualquer estratégia que os membros da minoria possam assumir. As diferenças derivam do contexto social

Da igualdade ao multiculturalismo

em que se constituíram como tais: da natureza daquela atribuição forçada que levou à imposição de limites. A natureza da "sociedade maior" deixa sua marca indelével em cada uma de suas partes.

Pode-se argumentar que a mais crucial das diferenças que separam os fenômenos reunidos sob o nome genérico de "minorias étnicas" se correlaciona com a passagem do estágio moderno de construção da nação para o estágio pós-Estado-nação.

A construção da nação significava a busca do princípio "um Estado, uma Nação", e, portanto, em última análise, a negação da diversificação étnica entre os súditos. Da perspectiva da "Nação Estado" culturalmente unificada e homogênea, as diferenças de língua ou costume encontradas no território da jurisdição do Estado não passavam de relíquias quase extintas do passado. Os processos esclarecedores e civilizadores presididos e monitorados pelo poder do Estado já unificado foram concebidos para assegurar que tais traços residuais do passado não sobreviveriam por muito tempo. A nacionalidade compartilhada deveria desempenhar um papel crucial de legitimação na unificação política do Estado, e a invocação das raízes comuns e de um caráter comum deveria ser importante instrumento de mobilização ideológica — a produção de lealdade e obediência patrióticas. Esse postulado se chocava com a realidade de diversas

Comunidade

línguas (agora redefinidas como dialetos tribais ou locais, e destinados a serem substituídos por uma língua nacional padrão), tradições e hábitos (agora redefinidos como paroquialismos e destinados a serem substituídos por uma narrativa histórica padrão e por um calendário padrão de rituais de memória). "Local" e "tribal" significavam atraso; o esclarecimento significava progresso, e o progresso significava a elevação do mosaico dos modos de vida a um nível superior e comum a todos. Na prática, significava homogeneidade nacional — e dentro das fronteiras do Estado só havia lugar para uma língua, uma cultura, uma memória histórica e um sentimento patriótico.

A prática da construção da nação tinha duas faces: a nacionalista e a liberal. A face nacionalista era melancólica, desanimada e severa — às vezes cruel, raramente benigna. O nacionalismo era quase sempre belicoso e às vezes sanguinário — quando encontrava uma forma de vida relutante em abraçar o modelo de "uma nação" e disposto a manter seus próprios costumes. O nacionalismo queria educar e converter, mas se a persuasão e doutrinação não funcionassem ou se seus resultados demorassem, recorria à coação: a defesa da autonomia local ou étnica passava a ser considerada crime, os líderes da resistência étnica eram proclamados rebeldes ou terroristas, e postos na cadeia ou decapitados, falar "dialetos" em lugares ou cerimônias pú-

Da igualdade ao multiculturalismo

blicas estava sujeito a penalização. O plano nacionalista de *assimilar* as variedades de vida herdadas e de dissolvê-las num padrão nacional era e tinha que ser apoiado pelo poder. Assim como o Estado precisava do frenesi nacionalista como meio de legitimação de sua soberania, o nacionalismo precisava de um Estado forte para atingir seu propósito de unificação. O poder de Estado de que o nacionalismo precisava não podia ter competidores. Todas as autoridades alternativas eram potenciais focos de sedição. As comunidades — étnicas ou locais — eram os habituais suspeitos e os inimigos principais.

A face liberal era totalmente diferente da nacionalista. Era amigável e benévola; sorria a maior parte do tempo, e seu sorriso era convidativo. Mostrava desagrado à vista da coação e aversão à crueldade. Os liberais se recusavam a forçar quem quer que fosse a agir contra seu próprio arbítrio, e acima de tudo se recusavam a permitir que os outros fizessem o que eles próprios (liberais) detestavam: impor a conversão não desejada pela força ou impedir a conversão, se desejada, também pelo recurso à força. Outra vez, as comunidades étnicas e locais, forças conservadoras que impediam a autoafirmação e a autodeterminação individual, eram os principais suspeitos e se tornavam os alvos na linha de tiro. O liberalismo acreditava que recusar liberdade aos inimigos da liberdade e deixar de tolerar os inimigos da tolerância bastariam para fazer com que a pura essência comum a todos os humanos surgisse das masmorras do paroquialismo e da tradição. Não restaria obstáculo a impedir que cada um escolhesse a identidade e objeto de lealdade oferecidos a todos.

A escolha entre as faces nacionalista ou liberal do emergente Estado-nação não fez diferença para o destino das comunidades: o nacionalismo e o liberalismo podiam ter diferentes estratégias, mas compartilhavam o mesmo propósito. Não havia lugar para a comunidade, e menos ainda para uma comunidade autônoma e capaz de autogoverno, nem naquela "uma nação" dos nacionalistas, nem na república liberal dos cidadãos livres e libertos. As duas faces viam o iminente desaparecimento de *les pouvoirs intermédiaires*.

A perspectiva aberta pelo projeto de construção da nação para as comunidades étnicas era uma escolha difícil: assimilar ou perecer. As duas alternativas apontavam em última análise para o mesmo resultado. A primeira significava a aniquilação da diferença, e a segunda a aniquilação do diferente, mas nenhuma delas deixava espaço para a sobrevivência da comunidade. O propósito das pressões pela assimilação era despojar os "outros" de sua "alteridade": torná-los indistinguíveis do resto do corpo da nação, digeri-los completamente e dissolver sua idiossincrasia no composto uniforme da identidade nacional. O estratagema da

Da igualdade ao multiculturalismo

exclusão e/ou eliminação das partes supostamente indigeríveis e insolúveis da população tinha uma dupla função. Era usado como arma — para separar, física ou culturalmente, os grupos ou categorias considerados estranhos demais, excessivamente imersos em seus próprios modos de ser ou excessivamente recalcitrantes para poderem perder o estigma da alteridade; e como ameaça — para extrair mais entusiasmo em favor da assimilação entre os displicentes, os indecisos e os desinteressados.

A escolha de seu próprio destino nem sempre foi legada às comunidades. A decisão de quem merecia a assimilação e de quem não a merecia (e, inversamente, de quem deveria ser excluído e impedido de contaminar o corpo nacional e solapar a soberania do Estado-nação) corria por conta da maioria dominante, não da minoria dominada. E dominar significa, mais que qualquer outra coisa, a liberdade de mudar de decisão quando esta deixar de ser satisfatória; ser fonte de incerteza constante na condição do dominado. As decisões da maioria dominante eram notórias por sua ambiguidade, e mais ainda por sua volatilidade. Nessas circunstâncias, a escolha entre um esforço honesto de assimilar e a rejeição da oferta, mantendo-se fiel ao modo da própria comunidade, era uma jogada para os membros das minorias dominadas; quase todos os fatores que podiam levar ao sucesso ou ao

Comunidade

fracasso continuavam teimosamente fora de seu controle. Nas palavras de Geoff Dench, "suspensos no limbo entre a promessa de integração plena e o temor da exclusão permanente", os membros da minoria nunca saberão

> se é realista ver-se como agentes livres na sociedade, ou se é melhor esquecer a ideologia oficial e reunir-se a outros que compartilham a mesma experiência de rejeição [...].
>
> Esse problema da ênfase relativa que se deve dar à ação pessoal ou à coletiva [...] torna-se diferencial e mais desestabilizador para os membros da minoria pela maneira como se liga a uma segunda dimensão da escolha.

Cara, você ganha; coroa, eu perco. A promessa de igualdade no final do tortuoso caminho da assimilação pode ser desfeita a qualquer momento sem que qualquer razão seja apresentada. Os que exigem o esforço sentem-se como juízes do resultado, e são conhecidos pelo rigor e também pela excentricidade. Além disso, há o paradoxo inseparável de qualquer esforço honesto de "tornar-se como eles". "Eles" se orgulham (de fato se definem por isso) de ter sido desde sempre o que são, pelo menos desde o antigo ato da miraculosa criação realizada pelo herói fundador da nação; *tornar-se* o que sempre *se foi* graças a uma longa cadeia de ancestrais desde tempos imemoriais

Da igualdade ao multiculturalismo

é em verdade uma contradição em termos. É verdade que a fé moderna permite que qualquer um se torne alguém, mas uma coisa que ela não permite é tornar-se alguém que *nunca foi outro alguém*. Até mesmo o mais zeloso e diligente dos assimilados voluntários carrega consigo na "comunidade de destino" a marca de suas origens alienígenas, estigma que nenhum juramento de lealdade pode apagar. O pecado da origem errada — o pecado original — pode ser tirado do esquecimento a qualquer momento e transformado em acusação contra o mais consciencioso e devoto dos "assimilados". O teste de admissão nunca é definitivo; não há aprovação conclusiva.

Não há solução evidente e sem riscos para o dilema enfrentado pelas pessoas declaradas "minorias étnicas" pelos promotores da unidade nacional. Além disso, se aqueles que aceitaram a oferta de assimilação cortarem os laços com os antigos irmãos para provarem a lealdade inabalável para com os novos irmãos por escolha serão imediatamente suspeitos do vício mortal da traição, e, portanto, considerados como não merecedores de confiança. Se, porém, decidirem se engajar em trabalho comunitário para ajudar os irmãos por nascimento a se elevarem coletivamente da inferioridade coletiva e da discriminação sofrida coletivamente serão imediatamente acusados de duplicidade e terão que responder: de que lado estão?

Comunidade

Embora perverso em certo sentido, pode até ser melhor, mais humano mesmo, ser declarado inadequado para a assimilação desde o começo e ver negada a escolha. Decerto muito sofrimento se seguiria a tal declaração, mas muito sofrimento seria poupado. O tormento do risco, o temor de embarcar numa jornada sem volta é o maior dos sofrimentos evitados por uma "minoria" que viu negado o convite para fazer parte da nação, ou, se o recebeu, viu-se logo desmascarada como uma falsa promessa.

O "comunitarismo" ocorre mais naturalmente às pessoas que tiveram negado o direito à assimilação. Tiveram negada a escolha — procurar abrigo na suposta "fraternidade" do grupo nativo é sua única opção. Voluntarismo, liberdade individual, autoafirmação são sinônimos de emancipação em relação aos laços comunitários, da capacidade de desconsiderar a atribuição herdada — e foi isso que lhes foi negado quando não receberam o convite para a assimilação, ou este lhes foi retirado. Membros das "minorias étnicas" não são "comunitaristas naturais". Seu "comunitarismo realmente existente" é apoiado pelo poder, resultado de expropriação. A propriedade não permitida ou a propriedade retirada é o direito de escolha. O resto vem depois desse primeiro ato de expropriação; de qualquer modo, não aconteceria se a expropriação não tivesse acontecido. A decisão dos dominantes de encerrar os do-

Da igualdade ao multiculturalismo

minados na concha de uma "minoria étnica" com base em sua relutância ou incapacidade de rompê-la tem todas as características de uma profecia que se cumpriu.

Citando Dench uma vez mais:

> os valores fraternais são necessariamente hostis ao voluntarismo e à liberdade individual. Eles não têm uma concepção válida do homem natural e universal [...]. Os únicos direitos humanos admissíveis são aqueles logicamente derivados dos deveres para com as coletividades que os fornecem.

Os deveres individuais não podem ser meramente contratuais; a situação sem escolha em que o ato de exclusão sumária lançou a "minoria étnica" redunda numa situação sem escolha para os membros individuais quando se trata de seus deveres comunitários. Uma resposta comum à rejeição é um espírito de "fortaleza sitiada", que nega a seus ocupantes qualquer opção que não seja a lealdade incondicional à causa comum. E não será apenas a recusa explícita a assumir o dever comunitário que será rotulada de traição, mas tudo que fique aquém da plena dedicação à causa comunitária. Uma sinistra conspiração da "quinta coluna" será percebida em todo gesto cético e em toda pergunta endereçada à sabedoria dos modos comunitários. Os indecisos, os mornos e os indiferentes se tornam os inimigos principais

Comunidade

da comunidade; as mais importantes batalhas são travadas na frente doméstica e não nos baluartes da fortaleza. A fraternidade proclamada revela sua face fratricida.

No caso da exclusão sumária, ninguém pode optar com facilidade por retirar-se da comunidade; os ricos e cheios de recursos, como todos os demais, não têm para onde ir. Essa circunstância aumenta a capacidade de recuperação da "minoria étnica" e lhe dá uma vantagem de sobrevivência em relação a comunidades que não foram excluídas da "sociedade maior", e que tendem a dissipar-se e a perder a especificidade de maneira muito mais rápida, abandonadas de pronto pelas elites nativas. Mas também reduz a liberdade dos membros da comunidade.

Muitas causas se combinam para tornar pouco realista a dupla estratégia da construção da nação. E mais razões ainda se aliam para tornar a aplicação dessa estratégia menos urgente, menos avidamente buscada, ou decididamente indesejável. A globalização acelerada é defensavelmente a "meta-razão"; ponto de partida a que se seguem todas as outras.

Mais do que qualquer outra coisa, "globalização" significa que a rede de dependências adquire com rapidez um âmbito mundial — processo que não é acompanhado na mesma extensão pelas instituições passíveis de controle político e pelo surgimento de qualquer coisa que se assemelhe a uma cultura verdadeiramente global. Bem entrelaçado com

Da igualdade ao multiculturalismo

o desenvolvimento desigual da economia, da política e da cultura (outrora coordenadas no quadro do Estado-nação) está a separação do poder em relação à política; o poder, enquanto incorporado na circulação mundial do capital e da informação, torna-se extraterritorial, enquanto as instituições políticas existentes permanecem, como antes, locais. Isso leva inevitavelmente ao enfraquecimento do Estado--nação; não mais capazes de reunir recursos suficientes para manter as contas em dia com eficiência e de realizar uma política social independente, os governos dos Estados não têm escolha senão seguirem estratégias de desregulamentação: isto é, abrir mão do controle dos processos econômicos e culturais, e entregá-lo às "forças do mercado", isto é, às forças essencialmente extraterritoriais.

O abandono daquela regulação normativa, outrora marca do Estado moderno, torna redundantes a mobilização cultural/ideológica da população, outrora estratégia principal do Estado moderno, e a evocação da nacionalidade e do dever patriótico, outrora sua principal legitimação: não servem mais a qualquer propósito perceptível. O Estado não mais preside os processos de integração social ou manejo sistêmico que faziam indispensáveis a regulação normativa, a administração da cultura e a mobilização patriótica, deixando tais tarefas (por ação ou omissão) para forças sobre as quais não tem jurisdição. O policiamento do território administrado é a única função deixada nas mãos dos governos dos Estados; outras funções ortodoxas foram abandonadas ou passaram a ser compartilhadas e assim são apenas em parte monitoradas pelo Estado e por seus órgãos, e não de maneira autônoma.

Essa transformação, contudo, priva o Estado de seu antigo status de lugar supremo, talvez único, do poder soberano. As nações, antes firmemente abrigadas na armadura da soberania multidimensional do Estado-nação, se acham num vazio institucional. A segurança existencial se estilhaçou; as velhas histórias reiteradas para restaurar a confiança na filiação perdem muito de sua credibilidade e, como observou Jeffrey Weeks em outro contexto,[2] quando as velhas histórias de filiação (comunitária) já não soam verdadeiras ao grupo, cresce a demanda por "histórias de identidade" em que "dizemos a nós mesmos de onde viemos, quem somos e para onde vamos"; tais histórias são urgentemente necessárias para restaurar a segurança, construir a confiança e tornar "possível a interação significativa com os outros". "À medida que as velhas certezas e lealdades são varridas para longe, as pessoas procuram novas filiações." O problema com as novas histórias de identidade, em claro contraste com as velhas histórias da "filiação natural" diariamente confirmadas pela solidez aparentemente invulnerável de instituições profundamente estabelecidas, é que "a

Da igualdade ao multiculturalismo

confiança e o compromisso têm que ser trabalhados em relações cuja duração ninguém garante, a menos que os indivíduos decidam fazê-las duradouras".

O vazio normativo aberto pela retirada da meticulosa regulamentação estatal sem dúvida traz mais liberdade. Nenhuma "história de identidade" está imune a correções; pode ser reformulada se insatisfatória ou não tão boa como outras. No vazio, a experimentação é fácil e encontra poucos obstáculos — mas o empecilho é que, agradável ou não, o produto experimental nunca é seguro; sua expectativa de vida é curta e por isso a segurança existencial que promete custa a chegar. Se as relações (inclusive a união comunitária) não têm garantia de durabilidade que não seja a decisão individual de "fazê-las durar", a decisão tem que ser repetida diariamente, e manifestada com tal zelo e dedicação que a faça valer de verdade. As relações escolhidas não durarão a menos que a vontade de mantê-las seja protegida contra o perigo da dissipação.

Isso não é uma grande tragédia (e pode até ser uma boa notícia) para os indivíduos cheios de recursos e autoconfiantes, que contam com sua própria capacidade para enfrentar as correntes contrárias e proteger suas escolhas, ou, se isso for impossível, fazer novas escolhas, diferentes mas não menos satisfatórias. Tais indivíduos não precisam procurar uma garantia comunitária para sua segurança,

Comunidade

dada a etiqueta de preço em todos os compromissos de longo prazo (e, portanto, numa filiação comunitária que não permite livre escolha nem na entrada nem na saída). É diferente para os indivíduos que não têm recursos nem autoconfiança. Tudo o que estes querem ouvir é a sugestão de que a coletividade em que buscam abrigo e da qual esperam proteção tem um fundamento mais sólido do que as escolhas individuais reconhecidamente caprichosas e voláteis. A etiqueta de preço colada à filiação involuntária e para toda a vida, que não permite saída, não parece sinistra para todos, uma vez que o que lhes é negado — o direito à livre escolha da identidade — é, no caso dos fracos e desvalidos, uma ilusão e, acrescentando o opróbrio à ofensa, também causa de autorreprovação e humilhação pública.

Portanto, como observa Jeffrey Weeks,

> O mais forte sentido de comunidade costuma vir dos grupos que percebem as premissas de sua existência coletiva ameaçadas e por isso constroem uma comunidade de identidade que lhes dá uma sensação de resistência e poder. Incapazes de controlar as relações sociais em que se acham envolvidas, as pessoas encolhem o mundo para adaptá-lo ao tamanho de suas comunidades e agem politicamente a partir dessa base. O resultado é com frequência um particularismo obsessivo como modo de enfrentar e/ou lidar com a contingência.

Da igualdade ao multiculturalismo

Recriar fragilidades e debilidades individuais muito reais na forma da potência (imaginária) da comunidade resulta em ideologia conservadora e pragmática exclusivista. O conservadorismo ("voltar às raízes") e o exclusivismo ("eles" são, coletivamente, uma ameaça para "nós", coletivamente) são indispensáveis para que o verbo se faça carne, para que a comunidade imaginária gere a rede de dependências que a tornarão real, e para que a célebre regra de W. I. Thomas, "se as pessoas definem uma situação como real, ela tende a se tornar real em suas consequências", possa operar.

A triste verdade é que a enorme maioria da população deixada órfã pelo Estado-nação quando este renunciou, uma a uma, às funções geradoras de segurança e confiança pertence à categoria dos "frágeis e débeis". Somos todos instados, como notou Ulrich Beck, a "procurar soluções biográficas para contradições sistêmicas", mas apenas uma minoria ínfima da nova elite extraterritorial pode vangloriar-se de encontrá-las, ou, se ainda não a tiverem encontrado, de serem plenamente capazes de encontrá-la em um futuro próximo. A procura com a quase certeza de sucesso é um passatempo agradável, e a demora em encontrar, assim como possíveis erros, só acrescenta excitação à longa viagem da descoberta. A procura com a quase certeza de fracasso é um tormento — e assim a promessa de livrar os que procuram da obrigação de continuarem na busca soa agradável. É preciso, seguindo o exemplo de Ulisses, tapar bem os ouvidos para não ouvir o canto das sereias.

Vivemos em tempos de grande e crescente migração global. Os governos se esmeram ao máximo para agradar os eleitores endurecendo as leis de imigração, restringindo o direito de asilo, sujando a imagem dos "migrantes econômicos" que, diferentemente dos eleitores encorajados a sair de bicicleta em busca do êxtase econômico, são também estrangeiros — mas há pouca chance de que a "grande migração das nações, fase dois" venha a ser detida. Os governos e os advogados que eles empregam tentam traçar uma linha divisória entre, de um lado, a livre circulação do capital, das finanças e do investimento e as pessoas de negócios que os carregam, saudando-os e desejando que eles se multipliquem, e, de outro, a transmigração dos que procuram empregos que eles, e seus eleitores, detestam. Mas essa linha não pode ser traçada e, se o fosse, seria prontamente apagada. Há um ponto em que as duas intenções entram em choque; a liberdade de comércio e investimento logo atingiria o limite se não fosse complementada pelo direito de os desempregados irem aonde os empregos estivessem disponíveis.

Não há como negar o fato de que essas flutuantes "forças de mercado" extraterritoriais são instrumentais no movimento dos "migrantes econômicos". Mas os governos territoriais, por mais relutantes que sejam, são obrigados a cooperar. Em conjunto, as duas forças promovem os processos que pelo menos uma delas de outra maneira desejaria com todas as forças deter. De acordo com o estudo de Saskia Sassen,[3] independentemente do que digam seus porta-vozes, as ações das agências extraterritoriais e dos governos locais estimulam a migração cada vez mais intensa. As pessoas sem rendimentos e com poucas esperanças depois da devastação das economias locais tradicionais são presa fácil para organizações semioficiais e semicriminosas especializadas no "tráfico de seres humanos". (Estima-se que, na década de 1990, organizações criminosas lucraram 3,5 bilhões de dólares ao ano com a migração ilegal — mas não o fizeram sem o apoio tácito dos governos, ou pelo menos sem que estes fizessem vista grossa. Se, por exemplo, as Filipinas tentaram fechar as contas e pagar a dívida do governo com a exportação oficial da população excedente, as autoridades norte-americanas e japonesas aprovavam leis permitindo a importação de trabalhadores estrangeiros para atividades que sofressem escassez aguda de trabalho.)

O sedimento das pressões combinadas é a proliferação de diásporas étnicas; as pessoas continuam a ser menos voláteis do que os ciclos de explosão e depressão econômica, e a história dos ciclos passados deixou atrás de si uma longa trilha de imigrantes em busca de assentamento. Mesmo que quisessem embarcar em outra jornada e partir, as mesmas contradições políticas que acabaram trazendo os imigrantes "para dentro" os impediriam de agir. Os imigrantes não têm escolha a não ser tornar-se outra "minoria étnica" no país de adoção. E os locais não têm escolha a não ser preparar-se para uma longa vida em meio às diásporas. Espera-se que ambos encontrem seus caminhos para enfrentar as realidades fundadas no poder.

Na conclusão de seu abrangente estudo de uma dessas diásporas na Grã-Bretanha, Geoff Dench sugere que

> muitas pessoas na Grã-Bretanha [...] veem as minorias étnicas como intrusos cujos destinos e lealdades são evidentemente divergentes em relação aos do povo britânico, e cuja posição dependente e inferior na Grã-Bretanha não suscita comentários. Onde surja um conflito de interesses, é evidente que a simpatia pública estará contra eles [...][4]

Isso, obviamente, não vale só para a Grã-Bretanha e para a "minoria étnica" (maltesa), objeto do estudo de Dench. As atitudes descritas foram registradas em todos os países com diásporas consideráveis, e isso significa virtualmente todo o globo. A proximidade de "estranhos étnicos" dispara os instintos étnicos dos nativos, e as estratégias que

Da igualdade ao multiculturalismo

se seguem a esses instintos têm por objetivo a separação e isolamento desses "alienígenas", o que por sua vez reverbera no impulso ao autoestranhamento e autofechamento do grupo isolado à força. O processo tem todas as marcas da "cadeia cismogenética" de Gregory Bateson, conhecida por sua propensão a se perpetuar e notoriamente difícil de deter. E assim a tendência ao fechamento comunitário é preparada e encorajada em ambas as direções.

Por mais que os formadores de opinião liberais possam lamentar esse estado de coisas, parecem não existir agentes políticos interessados em romper o círculo vicioso das exclusividades que se reforçam de lado a lado, e menos ainda trabalhando na prática para eliminar suas fontes. Por outro lado, muitas das forças mais poderosas conspiram, ou pelo menos atuam em uníssono, para perpetuar a tendência exclusivista e a construção de barricadas.

Primeiro, o antigo e bem usado princípio de dividir para reinar ao qual os poderes de todos os tempos alegremente recorreram sempre que se sentiram ameaçados pela fusão e condensação de queixas e reclamações, em geral variadas e dispersas. Se ao menos se pudesse impedir que as ansiedades e fúrias dos sofredores corressem para o mesmo leito; se ao menos as muitas e diferentes opressões pudessem ser sofridas por cada categoria de oprimidos em separado, então os fluxos poderiam ser desviados e a energia do pro-

Comunidade

testo dissipada e logo esgotada numa pletora de inimizades intertribais e intercomunitárias — assumindo os poderes supremos o papel de juízes imparciais, promotores da igualdade entre as demandas em choque, defensores da paz e salvadores e benevolentes protetores de todos e de cada um na guerra civil; seu papel na criação das condições que tornaram inevitável a guerra sendo logo subestimado ou esquecido. Richard Rorty[5] faz uma "descrição densa" dos usos atuais da estratégia de dividir para reinar:

> O objetivo será manter 75% dos americanos e 95% da população mundial ocupados com hostilidades étnicas e religiosas [...]. Se os proletários puderem ser distraídos de seu próprio desespero por pseudoeventos criados pela mídia, incluindo uma breve e sangrenta guerra ocasional, os super-ricos nada terão a temer.

Quando os pobres brigam entre si, os ricos têm todas as razões para se alegrar. E não apenas porque a perspectiva de que os sofredores assinarão um pacto contra os responsáveis por sua miséria se tornou remota como no passado quando se aplicara com sucesso o princípio de *dividir para reinar*. Há razões menos banais para a alegria — razões específicas do novo caráter da hierarquia global de poder. Como foi dito, essa nova hierarquia opera

Da igualdade ao multiculturalismo

por uma estratégia de desengajamento que por sua vez depende da facilidade e velocidade com que os novos poderes globais são capazes de mover-se, desligando-se dos compromissos locais e deixando aos "locais" e a todos os deixados para trás a tarefa de limpar os destroços. A liberdade de movimento da elite depende em grande medida da incapacidade ou falta de vontade de ação comum dos nativos. Quanto mais pulverizados estes, tanto mais fracas e diminutas as unidades em que se dividem, tanto mais sua ira se gasta em brigas com vizinhos igualmente impotentes, e tanto menor é a chance de ação comum. Ninguém será forte o bastante para impedir outro ato de desaparecimento, para deter o fluxo, para manter à mão os voláteis recursos de sobrevivência. Ao contrário do que comumente se pensa, a ausência de agências políticas capazes de igualar o escopo das forças econômicas não é uma questão de defasagem no desenvolvimento; não é que as instituições políticas existentes não tenham tido tempo para rearranjar-se num novo sistema global de freios e contrapesos democraticamente controlado. Parece, ao contrário, que a pulverização do espaço público e sua saturação por conflitos intercomunitários é precisamente o tipo de "superestrutura" (ou seria melhor chamá-la de "subestrutura"?) que a nova hierarquia de poder servida pela estratégia do desengajamento precisa, e aberta ou sub-repticiamente cultivará se puder. A ordem global precisa de muita desordem local "para não ter o que temer".

Na última citação de Rorty, deixei de fora uma referência aos "debates sobre os usos sexuais" como outro fator, ao lado das "hostilidades étnicas e religiosas", responsável pelo fato de os "super-ricos nada terem a temer". Trata-se de uma referência à "esquerda cultural" que, apesar de todos os seus méritos na luta contra a intolerância da sociedade norte-americana em relação à diferença cultural, é culpada, na opinião de Rorty, de afastar da agenda pública a questão da privação material, fonte mais profunda de toda desigualdade e injustiça. Os hábitos sexuais foram sem dúvida explorados como um dos alvos mais importantes da intolerância — mas o problema é que se a atenção se volta para a civilidade e a correção política em encontros com diferenças de hábitos, terá pouca chance de ir mais fundo nas raízes da desumanidade. E causará mais prejuízos que isso: absolutizará a diferença e impedirá o debate sobre as virtudes e defeitos relativos de formas de vida coexistentes. A letra miúda do rodapé é que todas as diferenças são boas e dignas de preservação simplesmente porque são diferenças; e todo debate, por sério, honesto e civilizado que seja, será banido se tentar reconciliar as diferenças existentes de modo a elevar (e presumivelmente melhorar) o nível dos padrões gerais que presidem a vida humana. Jonathan Friedman

Da igualdade ao multiculturalismo

apelidou os intelectuais com essa posição de "modernistas sem modernismo" — isto é, pensadores inclinados, na consagrada tradição modernista, à transcendência, mas sem qualquer ideia do destino a que a transcendência eventualmente pode (ou deve) levar, e que evitam qualquer consideração antecipada sobre a forma desse destino. O resultado é uma contribuição involuntária à perpetuação e até mesmo à aceleração da presente tendência à pulverização; e torna ainda mais difícil um diálogo entre culturas, única ação que poderia superar a atual incapacidade dos potenciais agentes políticos da mudança social.

As atitudes a que Rorty e Friedman se referem não são na realidade surpreendentes. Pode-se dizer que é justo o que se esperaria de uma elite do conhecimento que renunciou a seu papel moderno de esclarecedora, guia e mestra e passou a seguir (ou foi forçada a seguir) a liderança do outro setor, de negócios, da elite global na nova estratégia de separação, distanciamento e desengajamento. Não que as atuais classes do conhecimento tenham perdido sua fé no progresso e passado a suspeitar de todos os modelos de transformação; uma razão mais importante para abraçar a estratégia da separação foi, parece, a aversão do impacto imobilizador dos compromissos de longo prazo e dos confusos e embaraçosos laços de dependência em que a alternativa ora abandonada inevitavelmente teria implicado. Como tantos de seus con-

Comunidade

temporâneos, os descendentes dos intelectuais modernos querem e procuram "mais espaço". O engajamento com "o outro", por oposição a "deixá-lo em liberdade", reduziria esse espaço em lugar de aumentá-lo.

O novo descaso em relação à diferença é teorizado como reconhecimento do "pluralismo cultural": a política informada e defendida por essa teoria é o "multiculturalismo". Ostensivamente, o multiculturalismo é orientado pelo postulado da tolerância liberal, pela preocupação com o direito das comunidades à autoafirmação e com o reconhecimento público de suas identidades por escolha ou por herança. Ele funciona, porém, como força essencialmente conservadora: seu efeito é uma transformação das desigualdades incapazes de obter aceitação pública em "diferenças culturais" — coisa a ser louvada e obedecida. A fealdade moral da privação é miraculosamente reencarnada na beleza estética da diversidade cultural. O que se perdeu de vista no processo foi que a demanda por reconhecimento fica desarmada se não for sustentada pela prática da redistribuição — e que a afirmação comunitária da especificidade cultural serve de pouco consolo para aqueles que, graças à cada vez maior desigualdade na divisão dos recursos, têm que aceitar as escolhas que lhes são impostas.

Alain Touraine[6] sugeriu que o "multiculturalismo" como postulado de respeito pela liberdade de escolha entre

Da igualdade ao multiculturalismo

uma variedade de possibilidades culturais fosse separado de algo inteiramente diferente (se não manifestamente, pelo menos em suas consequências): uma visão mais bem chamada de *multicomunitarismo*. O primeiro pede respeito pelo direito de os indivíduos escolherem seus modos de vida e seus compromissos; o segundo supõe, ao contrário, que o compromisso dos indivíduos é um caso encerrado, determinado pelo pertencimento comunitário e, portanto, não passível de negociação. Confundir as duas vertentes no credo culturalista é, porém, tão comum quanto equivocado e politicamente perigoso.

Enquanto essa confusão perdura, o "multiculturalismo" é um joguete nas mãos da globalização não limitada politicamente; as forças globalizantes conseguem escapar com suas consequências devastadoras, a principal das quais sendo a impressionante desigualdade entre sociedades e dentro das sociedades. O antigo, ostensivo e arrogante hábito de explicar a desigualdade por uma inferioridade inata de certas raças foi substituído por uma representação aparentemente compassiva de condições humanas brutalmente desiguais como direito inalienável de toda comunidade à sua forma preferida de viver. O novo culturalismo, como o velho racismo, tenta aplacar os escrúpulos morais e produzir a reconciliação com a desigualdade humana, seja como condição além da capacidade de intervenção humana (no caso do racismo), seja com o veto à violação dos sacrossantos valores culturais pela interferência humana. A fórmula racista obsoleta de reconciliação com a desigualdade estava intimamente associada com a busca moderna da "ordem social perfeita": a construção da ordem necessariamente envolve seleção, e era óbvio que raças inferiores, incapazes de atingir padrões humanos decentes, não teriam lugar em qualquer ordem que se aproximasse da perfeição. A nova fórmula culturalista está, por sua vez, intimamente ligada ao abandono dos projetos da "boa sociedade". Se a revisão dos arranjos sociais não está nas cartas — seja ditada pela inevitabilidade histórica, seja sugerida pelo dever ético —, é óbvio que todos temos o direito de procurar um lugar na ordem fluida da realidade e arcar com as consequências da escolha.

O que a visão "culturalista" do mundo não menciona é que a desigualdade é sua própria causa mais poderosa, e que apresentar as divisões que ela gera como um aspecto inalienável da liberdade de escolha, e não como um dos maiores obstáculos a essa liberdade de escolha, é um dos principais fatores de sua perpetuação.

Há outros problemas a examinar, porém, antes de voltar ao "multiculturalismo" no último capítulo.

· 8 ·

O nível mais baixo: O gueto

Uma insólita aventura aconteceu com o espaço rumo à globalização: ele perdeu sua importância, mas ganhou significação. De um lado, como insiste Paul Virilio,[1] a soberania territorial perdeu quase toda a substância e boa parte de sua atração: se cada ponto pode ser alcançado e abandonado no mesmo instante, a posse permanente de um território com seus deveres e compromissos de longo prazo transforma-se em um passivo, e se torna um peso e não mais um recurso na luta pelo poder. De outro, como observa Richard Sennett,[2] "como as instituições cambiantes da economia diminuem a experiência de pertencer a algum lugar especial [...] os compromissos das pessoas com os lugares geográficos, como nações, cidades e localidades, aumentam". De um lado, tudo pode ser feito aos lugares longínquos dos outros sem se mudar de lugar. De outro, pouco se pode prevenir em relação a nosso próprio

Comunidade

lugar, por mais vigilantes e cuidadosos que sejamos em guardá-lo.

No que diz respeito à experiência diária compartilhada pela maioria, uma consequência particularmente pungente da nova rede global de dependências, combinada ao gradual mas inexorável desmantelamento da rede institucional de segurança que costumava nos proteger das oscilações do mercado e dos caprichos de um destino determinado por ele, é paradoxalmente (embora não surpreendente de um ponto de vista psicológico) o *aumento do valor do lugar*. Na explicação de Richard Sennett, "o sentido de lugar se baseia na necessidade de pertencer não a uma 'sociedade' em abstrato, mas a algum lugar em particular; satisfazendo essa necessidade, as pessoas desenvolvem o compromisso e a lealdade". A abstração da "sociedade", acrescento eu, pode ter sido uma característica constante da sociedade, mas hoje em dia é ainda mais evidente e sentida.

É verdade que a "sociedade" foi sempre uma entidade *imaginária*, nunca dada à experiência em sua totalidade; há não muito tempo, contudo, sua imagem era a de uma comunidade de "cuidados e compartilhamento". Através de disposições previdenciárias vistas como certidão de nascimento do cidadão e não como caridade para com os menos capazes, inválidos ou indolentes, essa imagem irradiava uma confiança reconfortante no seguro coletivo contra o

O nível mais baixo: O gueto

infortúnio individual. A sociedade era imaginada como o pai poderoso, rigoroso e às vezes implacável, mas sempre pai, alguém a quem sempre se podia recorrer em busca de ajuda em caso de problemas. Tendo desde então dispensado, ou tendo sido roubada de muitos dos eficientes instrumentos de ação que manejava nos tempos da soberania incontesta do Estado-nação, a "sociedade" perdeu muito de sua aparência "paternal". Pode algumas vezes ferir, e dolorosamente; mas no que diz respeito ao suprimento dos bens necessários para uma vida decente e para enfrentar as adversidades do destino, ela parece perturbadoramente de mãos vazias. Por isso as esperanças de salvação que podem vir das torres de controle (adequadamente tripuladas) da "sociedade" definham e se esvaem. Por isso também a "boa sociedade" é uma noção a que a maioria de nós não dá maior importância, e cuja consideração seria vista como uma perda de tempo.

O amor frustrado acaba, na melhor das hipóteses, em indiferença, mas no mais das vezes em suspeição e ressentimento. Se a "sociedade" não satisfaz o desejo de um lar seguro, não é tanto por ser "abstrata" (não é mais abstrata ou "imaginária", lembremos, do que "nação" ou qualquer outra "comunidade" contemporânea), mas pela recente traição ainda fresca na memória popular. Ela não cumpriu suas promessas; negou abertamente das mais vitais delas. Às pes-

Comunidade

soas que sofrem sob a pressão de uma existência insegura e perspectivas incertas, ela promete mais e não menos insegurança: numa drástica mudança de tom ainda difícil de assimilar, seus porta-vozes exigem maior "flexibilidade"; instam os indivíduos a que exerçam seu próprio juízo na procura da sobrevivência, do progresso e da vida digna, a que dependam de suas próprias entranhas e energia e a que censurem sua própria indolência ou preguiça em caso de derrota.

Entre as totalidades imaginárias a que as pessoas acreditavam pertencer e aonde acreditavam poder procurar (e eventualmente encontrar) abrigo, um vazio boceja no lugar outrora ocupado pela "sociedade". Esse termo já representou o Estado, armado com meios de coerção e também com meios poderosos para corrigir pelo menos as injustiças sociais mais ultrajantes. Esse Estado está sumindo de nossa vista. Esperar que o Estado, se chamado ou pressionado adequadamente, fará algo palpável para mitigar a insegurança da existência não é muito mais realista do que esperar o fim da seca por meio de uma dança da chuva. Parece cada vez mais claro que o conforto de uma existência segura precisa ser procurado por outros meios. A segurança, como todos os outros aspectos da vida humana num mundo inexoravelmente individualizado e privatizado, é uma tarefa que toca a cada indivíduo. A "defesa do lugar", vista como condição necessária de toda segurança, deve ser uma questão do bairro, um "assunto comunitário". Onde o Estado fracassou, poderá a comunidade — a comunidade *local*, uma comunidade corporificada num *território* habitado por seus membros e ninguém mais (ninguém que "não faça parte") — fornecer aquele "estar seguro" que o mundo mais extenso claramente conspira para destruir?

O lugar como tal pode ter perdido importância para a elite "voadora", hoje capaz de olhar todos os lugares com distanciamento e sem envolvimento, como já se considerou ser privilégio dos pássaros. Mas mesmo os membros dessa elite precisam de intervalos nas angustiantes e estressantes viagens, momentos de relaxamento e descanso, de reabastecimento da capacidade de resistir à tensão cotidiana — e para isso precisam de um lugar seguro. Talvez os outros lugares, os lugares das outras pessoas, não importem — mas aquele lugar especial, seu próprio lugar, importa. Talvez também o conhecimento de que os lugares das outras pessoas são maleáveis e indefensáveis acrescente urgência à necessidade de fortificar e tornar inexpugnável aquele lugar próprio especial.

A certeza e a segurança das condições existenciais dificilmente podem ser compradas com os recursos da conta bancária — mas a segurança do lugar pode, se a conta for suficientemente grande; as contas bancárias dos "globais" são em geral suficientemente grandes. Os globais podem

Comunidade

obter os equivalentes da *haute couture* da indústria da segurança. Os demais, não menos atormentados pela corrosiva sensação da insuportável volatilidade do mundo, mas não suficientemente voláteis eles mesmos para se equilibrarem nas ondas, têm em geral menos recursos e precisam se contentar com as réplicas baratas, produzidas em massa, da alta moda. Esses outros podem fazer ainda menos, em verdade quase nada, para mitigar a incerteza e a insegurança que assolam o mundo que habitam — mas podem investir suas últimas moedas na segurança de seus corpos, suas posses, sua rua. Há não muito tempo, pessoas que acreditavam que o confronto nuclear não poderia ser detido procuravam a salvação construindo abrigos nucleares para suas famílias. As pessoas que acreditam que não há nada a fazer para suavizar o tom, e menos ainda para exorcizar o espectro da insegurança, se ocupam em comprar alarmes contra ladrões e arame farpado. O que eles procuram é o equivalente do abrigo nuclear pessoal; o abrigo que procuram chamam de "comunidade". A "comunidade" que procuram é um "ambiente seguro" sem ladrões e à prova de intrusos. "Comunidade" quer dizer isolamento, separação, muros protetores e portões vigiados.

Sharon Zukin descreve, seguindo *City of Quartz* de Mike Davis (1990), os espaços públicos em Los Angeles reformulados pelos cuidados com a segurança dos habitan-

O nível mais baixo: O gueto

tes e seus guardas, escolhidos ou indicados: "helicópteros trovejam nos céus sobre os guetos, a polícia persegue jovens como presumíveis bandidos, os donos das casas compram todo tipo de defesa armada que puderem... ou tiverem coragem de usar". As décadas de 1960 e 1970 foram, diz Zukin, "um divisor de águas na institucionalização dos temores urbanos":

> Os eleitores e as elites — uma classe média em termos amplos nos Estados Unidos — poderiam ter preferido aprovar políticas governamentais para eliminar a pobreza, administrar a competição étnica e integrar as pessoas em instituições públicas comuns. Em lugar disso, preferiram comprar proteção, alimentando o crescimento da indústria privada da segurança.

Um perigo mais palpável ao que chama de "cultura pública" é percebido por Zukin na "política do medo cotidiano". O espectro, que gela o sangue e esfrangalha os nervos, das "ruas inseguras" mantém as pessoas longe dos espaços públicos e as afasta da procura da arte e habilidades necessárias para participar da vida pública.

"Endurecer" o combate ao crime construindo mais prisões e impondo a pena de morte é uma resposta bem conhecida à política do medo. "Prendam toda a população", ouvi um

Comunidade

homem dizer no ônibus, reduzindo a solução a seu extremo ridículo. Outra resposta é privatizar e militarizar o espaço público — fazendo mais seguras as ruas, parques e lojas, mas menos livres [...][3]

O bairro seguro concebido com guardas armados controlando a entrada; o gatuno e suas variantes substituindo os primeiros bichos-papões modernos do *mobile vulgus*, e juntamente promovidos à posição de inimigos públicos número um; uma equiparação das áreas públicas a enclaves "defensáveis" com acesso seletivo; a separação em lugar da negociação da vida em comum; a criminalização da diferença residual — essas são as principais dimensões da atual evolução da vida urbana. E é na moldura cognitiva dessa evolução que a nova concepção de "comunidade" se forma.

Segundo essa noção, comunidade significa *mesmice*, e a "mesmice" significa a ausência do Outro, especialmente um outro que teima em ser *diferente*, e precisamente por isso capaz de causar surpresas desagradáveis e prejuízos. Na figura do estranho (não simplesmente o "pouco familiar", mas o *alien*, o que está "fora de lugar"), o medo da incerteza, fundado na experiência da vida, encontra a largamente procurada, e bem-vinda, corporificação. No fim, não nos sentiremos humilhados por sofrer os golpes sem levantar a mão — podemos fazer algo real e tangível para

O nível mais baixo: O gueto

aparar os golpes aleatórios do destino, talvez até frustrá-los ou evitá-los. Dada a intensidade do medo, se não existissem estranhos eles teriam que ser inventados. E eles são inventados, ou construídos, diariamente: pela vigilância do bairro, pela tevê de circuito fechado, guardas armados até os dentes. A vigilância e as façanhas defensivas/agressivas que ela engendra criam seu próprio objeto. Graças a elas, o estranho é metamorfoseado em alienígena, e o alienígena, numa ameaça. As ansiedades esparsas e flutuantes ganham um núcleo sólido. O antigo sonho da pureza, que há não tanto tempo embalou a visão da sociedade "perfeita" (transparente, previsível, livre da contingência), tem agora como objeto principal a "comunidade do bairro seguro". O que aparece no horizonte da longa marcha em direção à "comunidade segura" (comunidade *como* segurança) é um mutante bizarro do "gueto voluntário".

Um gueto, como o define Loïc Wacquant,[4] combina o confinamento espacial com o fechamento social: podemos dizer que o fenômeno do gueto consegue ser ao mesmo tempo territorial e social, misturando a proximidade/distância *física* com a proximidade/distância *moral* (nos termos de Durkheim, ele funde a densidade moral com a densidade física). Tanto o "confinamento" quanto o "fechamento" teriam pouca substância se não fossem complementados por um terceiro elemento: a *homogeneidade* dos de dentro, em

Comunidade

contraste com a *heterogeneidade* dos de fora. Através da longa história do gueto, assim como no gueto negro norte-americano, seu arquétipo de hoje, o terceiro elemento foi fornecido pela separação etnorracial. Ele assume forma semelhante nos numerosos "guetos de imigrantes" espalhados pelas cidades europeias e norte-americanas. Só a separação étnica/racial dá à oposição homogeneidade/heterogeneidade a capacidade de conferir aos muros do gueto o tipo de solidez, durabilidade e confiabilidade de que precisam (e para as quais são necessários). Por essa razão, a separação étnica/racial é um "padrão ideal" natural a ser seguido por todas as separações secundárias e substitutas com pretensões a desempenhar o papel de terceiro elemento, a separação homogeneidade/heterogeneidade, modelo que se esforçam por emular e cujas penas desejam roubar.

Os guetos voluntários não são guetos verdadeiros, é claro, e têm seus voluntários (isto é, podem ser tentadores e criar desejos, incentivando as pessoas a construírem suas falsas réplicas) precisamente porque não são "reais". Os guetos voluntários diferem dos verdadeiros num aspecto decisivo. Os guetos reais são lugares dos quais não se pode sair (como diz Wacquant, os habitantes dos guetos negros norte-americanos "não podem casualmente atravessar para o bairro branco adjacente, sob pena de serem seguidos e detidos, quando não hostilizados, pela polícia"); o principal

O nível mais baixo: O gueto

propósito do gueto voluntário, ao contrário, é impedir a entrada de intrusos — os de dentro podem sair à vontade.

Realmente, as pessoas que dão um braço e uma perna pelo privilégio do "confinamento espacial e fechamento social" são zelosas na justificação do investimento pintando a selva do lado de fora dos portões com cores mais carregadas, exatamente como pode parecer aos habitantes dos guetos reais. Nada, contudo, inspiraria os que se decidem pelo isolamento estilo gueto a trancar os portões se não fosse a tranquilizante consciência de que não há nada de final ou irrevogável na decisão de comprar uma casa dentro dos muros do quase gueto. Os guetos reais implicam a negação da liberdade. Os guetos voluntários pretendem servir à causa da liberdade.

Seu efeito sufocante é uma "consequência não prevista" — não é intencional. Os moradores descobrem, decepcionados, que, quanto mais seguros se sentem dentro dos muros, tanto menos familiar e mais ameaçadora parece a selva lá fora, e mais e mais coragem se faz necessária para aventurar-se além dos guardas armados e além do alcance da rede eletrônica de segurança. Os guetos voluntários compartilham com os verdadeiros uma espantosa capacidade de permitir que seu isolamento se perpetue e exacerbe. Nas palavras de Richard Sennett,[5] as demandas por lei e ordem atingem o máximo quando as comunidades estão mais isoladas das outras pessoas da cidade... As cidades na América durante as duas últimas décadas cresceram de tal modo que as áreas étnicas se tornaram relativamente homogêneas; não é um acidente que o medo dos de fora tenha aumentado na medida em que essas comunidades étnicas foram isoladas.

Canalizar as emoções geradas pela incerteza existencial em uma procura frenética de "segurança na comunidade" funciona como todas as outras profecias: uma vez iniciada, tende a dar substância a seus motivos originais e a produzir sempre novas "boas razões" e justificativas para o movimento original. Resumindo: insere retrospectivamente maior substância nas razões que a provocaram e produz um número crescente de causas convincentes para sua continuidade. Ao fim, sua continuidade vira prova de sua própria correção e urgência — a única prova de que precisa no momento.

Não nos deixemos enganar, porém, pela aparente simplicidade da urgência da "segurança na comunidade"; ela encobre profundas diferenças nas condições de vida socialmente determinadas. Mesmo se esquecermos por um momento as diferenças entre o luxo perfumado dos "quase guetos" e a fétida esqualidez dos verdadeiros e imaginarmos que seus respectivos habitantes podem sentir-se igualmente

O nível mais baixo: O gueto

seguros quando, do lado de dentro, ainda existe um mundo de diferenças entre envergar o "leve manto" e achar-se trancado na "gaiola de ferro" (para usar a célebre metáfora de Max Weber). As pessoas que vestem o manto podem achá-lo bonito, aconchegante e confortável, podem nunca sair sem ele e recusar-se a trocá-lo por qualquer outra coisa, mas a crença de que podem despir o manto é o que o faz ser percebido como "leve", nunca irritante ou opressivo. É a situação "sem alternativas", o destino sem saída do morador do gueto que faz com que a "segurança da mesmice" seja sentida como uma gaiola de ferro — apertada, incômoda, incapacitante e à prova de fuga. É essa falta de escolha num mundo de livre escolha que é muitas vezes mais detestada que o desmazelo e a sordidez da moradia não escolhida. Os que optam pelas comunidades cercadas tipo gueto podem experimentar sua "segurança da mesmice" como um lar; as pessoas confinadas no verdadeiro gueto vivem em prisões.

Em outro relato de sua série de reveladores estudos sobre o gueto, Loïc Wacquant[6] põe a nu as "lógicas institucionais de segregação e agregação" que resultam "em elevados níveis de frustração, pobreza e privação no gueto". Guetos verdadeiros podem ser diferentes entre si. Os guetos negros norte-americanos, como dissemos, são a sedimentação de uma dupla rejeição, combinando classe e raça — e a cor da pele mantém os moradores do gueto em sua prisão com mais firmeza do que um exército de carcereiros. De outro lado, as *banlieues ou cités* francesas, áreas operárias com grande aporte de imigrantes, têm uma população racialmente mista e seus jovens enchem o tempo indo para as áreas prósperas de classe média onde podem, pelo menos, andar pelos shoppings e outros pontos favoritos de diversão das "pessoas comuns". Nem nos guetos negros nem nas *cités* francesas, contudo, é possível livrar-se do "poderoso estigma territorial ligado à moradia numa área publicamente reconhecida como 'depósito' de pobres, de casas de trabalhadores decadentes e grupos marginais de indivíduos".

O mecanismo de segregação e exclusão pode ou não ser complementado e reforçado por fatores adicionais de raça/pele, mas no limite todas as suas variedades são essencialmente a mesma:

> ser pobre numa sociedade rica implica em ter o status de uma anomalia social e ser privado de controle sobre sua representação e identidade coletiva; a análise da mancha urbana do gueto norte-americano e da periferia urbana francesa [mostra] a *privação simbólica* que torna seus habitantes verdadeiros párias.

Numa palavra, a guetificação é parte orgânica do mecanismo de disposição do lixo ativado à medida que os pobres

O nível mais baixo: O gueto

não são mais úteis como "exército de reserva da produção" e se tornam consumidores incapazes, e portanto inúteis. O gueto, como Wacquant resume em seus estudos, "não serve como reservatório de trabalho industrial disponível, mas como mero depósito [daqueles para os quais] a sociedade circundante não faz uso econômico ou político".

A guetificação é paralela e complementar à criminalização da pobreza; há uma troca constante de população entre os guetos e as penitenciárias, um servindo como grande e crescente fonte para a outra. Guetos e prisões são dois tipos de estratégia de "prender os indesejáveis ao chão", de *confinamento* e *imobilização*. Num mundo em que a mobilidade e a facilidade de mudar de lugar se tornaram fatores importantes de estratificação social, isso é (tanto física como simbolicamente) uma arma final de exclusão e degradação, da reciclagem das "classes baixas" e dos pobres em geral numa "subclasse" — categoria que foi posta para fora da classe ou de qualquer outro sistema social de significação e utilidade funcional e definida desde o início por referência a suas inclinações endemicamente criminosas. Em outro estudo,[7] Wacquant enfatiza a conexão entre a incriminação da pobreza e a normalização do trabalho assalariado precário no mercado "flexível" de trabalho. Tendo se afastado de seu papel de supervisor normativo das relações de trabalho, e cada vez mais de suas funções econômicas em geral, o Estado recorre em lugar disso a causar dor (a descrição feita por Neil Christie da política penitenciária baseada sobretudo no confinamento na prisão) como meio de reconciliar os pobres com sua nova condição: como se tornaram as únicas alternativas às incertezas de um mercado de trabalho desregulamentado, a prisão e o gueto transformam uma humilde aceitação da "economia de cassino" com seu jogo de sobrevivência sem regras numa opção suportável, e talvez até desejável.

> Os mesmos partidos, políticos, eruditos e professores que ontem mobilizavam, com notório sucesso, apoiando *"menos* governo" em relação *às* prerrogativas do capital e *à* utilização da força de trabalho, agora demandam, com exatamente o mesmo fervor, *"mais* governo" para mascarar e conter as deletérias consequências sociais, nas regiões mais baixas do espaço social, da desregulamentação do trabalho assalariado e da deterioração da proteção social.

Pode-se dizer que as prisões são guetos com muros, e os guetos são prisões sem muros. Diferem entre si principalmente no método pelo qual seus internos são mantidos no lugar e impedidos de fugir — mas eles são imobilizados, têm as rotas de fuga bloqueadas e mantidos firmemente no lugar nos dois casos. Em sua própria condição, até um

O nível mais baixo: O gueto

mínimo de mobilidade é percebido como liberdade sem limites, e o aperto férreo do "mercado flexível de trabalho" parece um abraço amigável. Ajudar os outros a suportarem as dificuldades de uma vida precária é a última função que os excluídos de outra forma inúteis, hoje encarcerados em suas moradias no gueto ou nas celas das prisões, são chamados a desempenhar pela próspera sociedade consumidora da "modernidade líquida".

Essa função seria mais difícil de preencher se fosse oferecido aos moradores do gueto, como compensação, aquele abrigo comunitário com que os outros, lançados às águas turbulentas sem boias e sem a proteção dos salva-vidas, sonham em vão. Mas isso não acontece. A vida no gueto não sedimenta a comunidade. Compartilhar o estigma e a humilhação pública não faz irmãos os sofredores; antes alimenta o escárnio, o desprezo e o ódio. Uma pessoa estigmatizada pode gostar ou não de outra portadora do estigma, os indivíduos estigmatizados podem viver em paz ou em guerra entre si — mas algo que provavelmente não acontecerá é que desenvolvam respeito mútuo. "Os outros como eu" significa os outros tão indignos como eu tenho repetidamente afirmado e mostrado ser; "parecer mais com eles" significa ser mais indigno do que já sou.

Os lugares contemporâneos da segregação social forçada e estigmatizante herdam seus nomes dos guetos me-

Comunidade

dievais tardios — e de novo o nome em comum mais oculta do que revela. Citando Wacquant outra vez,[8]

> enquanto o gueto em sua forma clássica atuava em parte como escudo protetor contra a brutal exclusão racial, o hipergueto perdeu seu papel positivo de amortecedor coletivo, tornando-se uma máquina mortífera para o desnudado banimento social.

Nenhum "amortecedor coletivo" pode ser forjado nos guetos contemporâneos pela simples razão que a experiência do gueto dissolve a solidariedade e destrói a confiança mútua antes que estas tenham tido tempo de criar raízes. Um gueto não é um viveiro de sentimentos comunitários. É, ao contrário, um laboratório de desintegração social, de atomização e de anomia.

> Para obter uma certa dignidade e reafirmar a legitimidade de seu próprio status aos olhos da sociedade, os moradores da *cité* e do gueto comerciam seu merecimento moral como indivíduos (ou membros de famílias) e aderem ao discurso dominante de denúncia daqueles que "se aproveitam" indevidamente de programas sociais, dos *faux pauvres* [falsos pobres] e "trapaceiros da previdência". Como se pudessem se valorizar desvalorizando seus bairros e vizinhos. Também

se envolvem em estratégias de distinção e exclusão social que convergem para solapar a coesão da vizinhança.

Resumindo: gueto quer dizer *impossibilidade de comunidade*. Essa característica do gueto torna a política de exclusão incorporada na segregação espacial e na imobilização uma escolha duplamente segura e à prova de riscos numa sociedade que não pode mais manter todos os seus membros participando do jogo, mas deseja manter todos os que podem jogar ocupados e felizes, e acima de tudo obedientes.

· 9 ·

Muitas culturas, uma humanidade?

O "multiculturalismo" é a resposta mais comum dada em nossos dias pelas classes ilustradas e formadoras de opinião para a incerteza do mundo sobre os tipos de valores que merecem ser apreciados e cultivados, e sobre as direções que devem ser seguidas com férrea determinação. A resposta está se tornando rapidamente o cânone da "correção política"; mais, ela se torna um axioma que já não precisa ser explicado, um prolegômeno a toda deliberação futura, a pedra de toque da doxa: não propriamente um conhecimento, mas a suposição tácita, impensada, de todo pensamento que mira o conhecimento.

Numa palavra, a invocação do "multiculturalismo", enquanto parte das classes ilustradas, essa encarnação contemporânea dos intelectuais modernos, quer dizer: *Perdão, mas não podemos resgatá-lo da confusão em que você se meteu.* Sim, há confusão sobre valores, sobre o sentido de "ser humano", sobre as maneiras certas da vida em comum; mas depende de você encontrar seu próprio caminho e arcar com as consequências caso não goste dos resultados. Sim, há uma cacofonia de vozes e nenhuma canção será cantada em uníssono, mas não se preocupe: nenhuma canção é necessariamente melhor que a próxima, e, se fosse, não haveria maneira de sabê-lo — por isso fique à vontade para cantar (compor se puder) sua própria canção (de qualquer maneira, você não aumentará a cacofonia; ela já é ensurdecedora e uma canção a mais não fará diferença).

Russell Jacoby deu o título *O fim da utopia*[1] à sua denúncia vigorosa da fatuidade do credo "multiculturalista". Há uma mensagem nesse título: as classes ilustradas de nosso tempo não têm nada a dizer sobre a forma preferida da condição humana. É por essa razão que buscam refúgio no "multiculturalismo" essa "ideologia do fim da ideologia".

Levantar-se contra o *status quo* sempre requer coragem, considerando as forças terríveis que ele tem por trás — e coragem é uma qualidade que os intelectuais, outrora famosos por seu radicalismo estrepitoso, perderam na busca de seus novos papéis e "nichos" como expertos, pesquisadores acadêmicos ou celebridades da mídia. Somos tentados a tomar essa versão ligeiramente atualizada de *la trahison des clercs* como explicação para o enigma da resignação e indiferença das classes ilustradas.

Mas precisamos resistir à tentação. Razões mais importantes do que os pés frios da elite ilustrada estão por trás da jornada dos intelectuais na direção de sua presente equanimidade. As classes ilustradas não fizeram o caminho a sós. Viajaram na companhia de muitos outros: com os poderes econômicos cada vez mais extraterritoriais, com uma sociedade que cada vez mais envolve seus membros no papel de consumidores e não no de produtores, e com a modernidade cada vez mais fluida, "líquida", "desregulamentada". E no curso dessa jornada sofreram transformações semelhantes àquelas do resto dos companheiros de viagem. Entre as transformações que todos os viajantes compartilharam, duas emergem como explicações plausíveis da espetacular carreira da "ideologia do fim da ideologia". A primeira é o *desengajamento* como nova estratégia do poder e da dominação; a segunda — o *excesso* como substituto de hoje para a regulamentação normativa.

Os intelectuais modernos costumavam ser pessoas com uma missão: a vocação que lhes foi atribuída e que levaram a sério foi auxiliar na "reinserção dos desenraizados" ("reencaixe dos desencaixados", para usar os termos preferidos pelos sociólogos de hoje). Essa missão se dividia em duas tarefas.

A primeira delas era "iluminar as pessoas", isto é, prover os homens e mulheres desorientados e perplexos pela separação da monótona rotina da vida comunitária com

Muitas culturas, uma humanidade?

giroscópios axiológicos e quadros cognitivos que lhes permitam navegar nas águas turbulentas e pouco familiares que demandam habilidades de que nunca antes precisaram e nunca tiveram oportunidade de aprender; de pôr no devido lugar novos pontos de orientação, novos objetivos de vida e novos padrões de conformidade para substituir aqueles que costumavam ser fornecidos pelas comunidades em que as vidas humanas, do berço ao túmulo, se inscreviam, mas que se extinguiram, ficaram inacessíveis ou caíram em desuso.

A outra tarefa era auxiliar no trabalho dos legisladores: projetar e construir novos ambientes bem estruturados e mapeados, que tornassem possível e eficaz tal navegação, dando assim forma à massa temporariamente informe; dar lugar à "ordem social" ou mais exatamente à "sociedade ordeira".

As duas tarefas derivavam do mesmo grande empreendimento da revolução moderna: a construção do Estado e da nação — a substituição de um mosaico de comunidades locais pelo novo e estreitamente integrado sistema do Estado-nação, da "sociedade imaginária". E as duas requeriam um confronto direto, face a face, de todos os seus agentes — econômicos, políticos ou espirituais — com os corpos e almas dos objetos da grande transformação em curso. Construir a indústria moderna significava o desafio de replantar os produtores, tirando-os de sua rotina tra-

Comunidade

dicional ligada à comunidade, numa outra, projetada e administrada pelos donos das fábricas e seus supervisores contratados. Construir o Estado moderno consistia em substituir as velhas lealdades à paróquia, à vizinhança ou à corporação dos artesãos por novas lealdades ao estilo do cidadão para com a totalidade abstrata e distante da nação e das leis da terra. As novas lealdades, diferentemente das antigas já obsoletas, não podiam se fundar em mecanismos espontâneos e corriqueiramente seguidos de autorreprodução; tinham que ser cuidadosamente planejadas e meticulosamente instiladas num processo de educação organizada de massa. A construção da nova ordem requeria administradores e professores. A era da construção do Estado e da nação tinha que ser, e foi, uma era de engajamento direto de governantes e governados.

Não é mais o caso; pelo menos, é cada vez menos o caso. Os nossos são tempos de desengajamento. O modelo panóptico de dominação, que usava a vigilância, o monitoramento e a correção da conduta dos dominados como estratégia principal está sendo rapidamente desmantelado e dá lugar à autovigilância e automonitoramento por parte dos dominados, tão eficiente em obter o tipo correto (funcional para o sistema) de comportamento quanto o antigo método de dominação — apenas bem mais barato. Em lugar de colunas em marcha, enxames.

Muitas culturas, uma humanidade?

Ao contrário de colunas em marcha, os enxames não precisam de sargentos ou cabos; encontram seu caminho sem a colaboração do estado-maior e de suas ordens. Ninguém lidera um enxame em direção aos campos floridos e ninguém precisa repreender os preguiçosos para trazê-los de volta à coluna. Quem quiser manter o enxame na direção correta deve se ocupar das flores, e não de uma a uma das abelhas. É como se o bicentenário oráculo de Claude Saint-Simon e de Karl Marx tivesse virado verdade: o manejo dos seres humanos está sendo substituído pelo manejo das coisas (e espera-se que os homens sigam as coisas e ajustem suas próprias ações a essa lógica).

Ao contrário das colunas em marcha, os enxames são *coordenados* sem serem *integrados.* Ao contrário da coluna em marcha, cada uma das "unidades" que se combinam num enxame é uma entidade "voluntária" que se autodirige, mas outra vez ao contrário da coluna em marcha a possível aleatoriedade dos efeitos gerais da autonomia é cancelada sem recurso à integração pela obediência às ordens. Nenhuma ordem é dada, não se ouvem apelos à disciplina. Se apelos forem feitos, são dirigidos ao "interesse individual" e à compreensão. A sanção para a conduta imprópria é o prejuízo autoinfligido, e o prejuízo é atribuído à ignorância do interesse — do interesse individual e não do "bem de todos". O enxame pode mover-se de maneira sincronizada

Comunidade

sem que qualquer de suas entidades tenha a mais vaga ideia do que significa o "bem comum". Exatamente como as torres de observação do panóptico, esses acessórios do "poder engajado", da doutrinação e da mobilização, também se tornaram desnecessários.

Segundo a versão do grande drama do desengajamento de Daniel Cohen,[2] economista da Sorbonne, não compete mais à empresa guiar, regular e controlar seus empregados — agora é o contrário: os empregados é que devem provar seu fervor, demonstrar que trazem recursos que faltam aos outros empregados. Numa curiosa inversão do modelo de Karl Marx da relação capital-trabalho, onde os capitalistas apenas pagavam o mínimo necessário à reprodução da capacidade de trabalho dos trabalhadores, sua "força de trabalho", mas exigiam trabalho muito além de seus gastos, as empresas de hoje pagam aos empregados o tempo que trabalham para elas, mas demandam toda sua capacidade, sua vida inteira e toda sua personalidade. A competição ferrenha veio para dentro dos escritórios da empresa: o trabalho significa testes diários de capacidade e dedicação, méritos acumulados não garantem a estabilidade futura. Cohen cita um relatório da Agência Nacional de Condições de Trabalho: "A frustração, o isolamento e a competição dominam" a condição dos empregados. Cita Alain Ehrenberg:[3] neuroses causadas por conflitos com figuras de autoridade dão lugar "à depressão, causada pelo temor de 'não estar à altura da tarefa' e não ter um 'desempenho' tão bom como o do colega ao lado". E, finalmente, Robert Linhart:[4] as contrapartidas da autonomia e do espírito de iniciativa são "sofrimento, confusão, mal-estar, sentimentos de desamparo, tensão e medo". Com o esforço de trabalho transformado numa luta diária pela sobrevivência, quem precisa de supervisores? Com os empregados açoitados por seu próprio horror à insegurança endêmica, quem precisa de gerentes para estalar o açoite?

De colunas em marcha a enxames; das salas de aula às redes da mídia, à internet e softwares de aprendizado cada vez menos diferenciados de jogos de computador. Espera-se (e confia-se) que os que procuram trabalho "montem em suas bicicletas" ou encontrem um consultor de pequenas empresas amigável (Gordon Brown, *Chancellor of the Exchequer* [ministro das Finanças] britânico, propôs armar todos os que procuram emprego de telefones celulares gratuitos, para assegurar que sempre estejam à disposição); como ações e moedas, os aprendizes devem procurar (e espera-se que encontrem) seus "próprios níveis". Em nenhum caso é necessário o antiquado engajamento, aquela mistura de supervisão rigorosa e administração interessada. A administração que sobra é manipulação indireta e oblíqua através da sedução: é uma administração à distância.

A segunda diferença importante — a substituição da regulamentação normativa pelos poderes sedutores do excesso — se relaciona de perto com a transformação das estratégias de dominação e o advento da coordenação sem integração.

A sentença de morte das normas nunca foi oficialmente pronunciada, e muito menos chegou às manchetes, mas o destino das normas foi selado quando surgiu (em termos metafóricos), da crisálida da sociedade capitalista de produtores, a borboleta da sociedade de consumidores. A metáfora, contudo, é verdadeira somente em parte, pois a passagem em questão não foi nem de longe tão abrupta como o nascimento de uma borboleta. Levou muito tempo para que se percebesse que muitas coisas tinham mudado nas condições e nos propósitos da vida humana e para que o novo estado das coisas fosse visto como uma versão nova e melhorada do antigo; que o jogo da vida adquirira novas regras e interesses suficientes para merecer um nome todo seu. Retrospectivamente, porém, podemos situar o nascimento da sociedade e da mentalidade de consumo aproximadamente no último quartel do século XIX, quando a teoria do valor trabalho de Smith/Ricardo/Marx/Mill foi confrontada pela teoria da utilidade marginal de Menger/Jevons/Walras: quando se disse, em alto e bom som, que o que dá valor às coisas não é o suor necessário à sua produção

Muitas culturas, uma humanidade?

(como diria Marx), ou a renúncia necessária para obtê-las (como sugeriu Georg Simmel), mas um *desejo em busca de satisfação*; quando a antiga disputa sobre quem seria o melhor juiz do valor das coisas, se o produtor ou o usuário, foi resolvida em termos não ambíguos em favor do usuário, e o problema do direito de emitir um juízo competente se misturou com a questão dos direitos da autoria do valor. Quando isso aconteceu, ficou claro que (como disse Jean--Joseph Goux) "para criar valor, basta criar, por qualquer meio, uma intensidade suficiente de desejo" e que "o que em última análise cria o valor excedente é a manipulação do desejo excedente".[5]

Em verdade, como diria Bourdieu mais tarde, a tentação e a sedução acabaram substituindo a regulação normativa e a vigilância ostensiva como principais meios de construção do sistema e de integração social. O principal efeito da tentação e a essência da sedução é a ruptura da norma (ou antes a transcendência perpétua da norma, com uma pressa que nega aos hábitos o tempo de que precisam para fixar-se em normas). E na ausência da norma, o excesso é a única esperança da vida. Numa sociedade de produtores, o excesso era equivalente ao desperdício e por isso rejeitado e condenado; mas nasceu como uma luta da vida com a norma (uma doença terminal, como se sabe). Num mundo desprovido de normas, o excesso deixou de ser um veneno

Comunidade

e tornou-se o remédio para as doenças da vida; talvez o único apoio disponível. O excesso, esse inimigo declarado da norma, se tornou a própria norma; talvez a única norma. Certamente uma norma curiosa, que escapa à definição. Tendo rompido as algemas normativas, o excesso perdeu seu sentido. Nada é excessivo se o excesso é a norma.

Nas palavras de Jacques Ellul,[6] o medo e a angústia são hoje as "características essenciais" do "homem ocidental", enraizados que eles são na "impossibilidade de refletir sobre tão gigantesca multiplicidade de opções". São construídos novos caminhos e o acesso aos antigos é bloqueado, os acessos, saídas e direções do tráfego permitido ficam mudando de lugar, e novos *land-rovers* [viajantes da terra] (os de quatro rodas e mais ainda aqueles feitos de sinais elétricos) fizeram das trilhas conhecidas e das estradas sinalizadas coisas inteiramente redundantes. A nova situação faz com que os viajantes louvem diariamente sua liberdade de movimento e exibam orgulhosamente sua velocidade e a potência de seus veículos; à noite também sonham com mais segurança e autoconfiança para o momento em que, durante o dia, tiverem que decidir pra que lado virar e que destino seguir.

Heather Höpfl[7] observou há alguns anos que a oferta de excesso está se tornando rapidamente a maior preocupação da vida social da modernidade tardia, e lidar com o

Muitas culturas, uma humanidade?

excesso é o que passa, na sociedade moderna tardia, por liberdade individual — a única forma de liberdade conhecida pelos homens e mulheres de nosso tempo.

Com a aproximação do final do século xx, há uma preocupação crescente com a produção elaborada, aparentemente para servir os interesses do consumo, e com a proliferação do excesso, de uma heterogeneidade liberadora de escolha e experiência, de construção e busca de sublimes objetos de desejo. A construção de artefatos sublimes, de objetos de desejo, de personalidades, de "estilos de vida", estilos de interação, modos de agir, modos de construir a identidade e assim por diante se torna uma tarefa opressiva que se disfarça de escolha cada vez mais variada. A matéria enche o espaço. A escolha é uma ilusão desconcertante.

Ilusão ou não, essas são as condições de vida que nos tocam: a coisa sobre a qual não há escolha. Se a sequência dos passos não está predeterminada por uma norma (para não falar de uma norma não ambígua), só a experimentação contínua poderá sustentar a esperança de vir a encontrar o alvo, e essa experimentação exige grande quantidade de caminhos alternativos. George Bernard Shaw, sábio que era também dedicado fotógrafo amador, sugeriu uma vez que, como o peixe que precisa botar miríades de ovos de modo

Comunidade

que alguns possam chegar à maturidade, o fotógrafo precisa fazer miríades de fotografias para que algumas atinjam uma real qualidade. Todos parecemos hoje seguir a receita de sobrevivência do peixe. O excesso se torna um preceito da razão. O excesso já não parece excessivo, nem o desperdício parece uma perda. O significado principal de "excessivo" e "desperdício", e a principal razão para condená-los à maneira calculista sóbria e fria da razão instrumental, era, afinal, sua "inutilidade"; mas numa vida de experimentação, excesso e desperdício são tudo, menos inúteis — são, de fato, as condições indispensáveis da busca racional dos fins. Quando o excesso fica excessivo? Quando o desperdício é uma perda? Não há maneira óbvia de responder a essas perguntas, e certamente não há maneira de respondê-las de antemão. Podemos chorar anos desperdiçados e gastos excessivos de energia e dinheiro, mas não conseguimos distinguir o excessivo do gasto certo, nem o desperdício da necessidade antes que o dedo nos seja apontado e que chegue a hora do arrependimento.

Sugiro que a "ideologia do fim da ideologia" dos multiculturalistas seria mais bem interpretada como um comentário intelectual sobre a condição humana formada sob os impactos gêmeos do poder pelo desengajamento e a regulação pelo excesso. O "multiculturalismo" é um modo de ajustar o papel das classes ilustradas a essas novas realidades.

Muitas culturas, uma humanidade?

É um manifesto a favor da reconciliação: as novas realidades não são enfrentadas nem contestadas, há uma rendição a elas — que as coisas (sujeitos humanos, suas escolhas e o destino que se segue a elas) "sigam seu próprio curso". É também um produto do arremedo de um mundo marcado pelo desengajamento como principal estratégia do poder e pela substituição das normas pela variedade e pelo excesso. Se a realidade não for questionada e se supuser que não deixa alternativas, só podemos torná-la aceitável replicando seu padrão em nossa própria maneira de viver.

Na nova *Weltanschauung* dos formadores e disseminadores de opinião, as realidades em questão são visualizadas na forma do Deus medieval construída pelos franciscanos (especialmente pelos *Fratricelli*, sua fração dos "frades menores") e pelos nominalistas (o mais célebre foi Guilherme de Ockham). No resumo de Michael Allen Gillespie,[8] esse Deus franciscano/nominalista era "caprichoso, temível em seu poder, impossível de ser conhecido, imprevisível, ilimitado por natureza e razão e indiferente ao bem e ao mal". Acima de tudo, pairava imutável fora do alcance da capacidade intelectual e prática dos homens. Não havia nada a ganhar tentando forçar a mão de Deus — e como todas as tentativas de fazer isso eram vãs e davam testemunho da presunção humana, eram tanto pecaminosas como indignas. Deus nada devia aos humanos. Tendo-os posto de pé e dito a eles que procu-

Comunidade

rassem seu caminho, retirou-se. No ensaio "Dignidade do homem", Giovanni Pico della Mirandola,[9] o grande codificador das confiantes ambições do Renascimento, extraiu as únicas conclusões que podiam ser tiradas do afastamento de Deus. Deus, ele conclui, fez o homem

> como criatura de natureza indeterminada, e colocando-o no centro do universo, disse-lhe: "Não te demos, Adão, nem um lugar estabelecido, nem uma forma só tua, nem qualquer função específica, e é por isso que podes ter e possuir, segundo teu desejo e juízo, qualquer lugar, qualquer forma e qualquer função que desejes [...]. Tu, que não estás confinado por quaisquer limites, determinarás por ti mesmo tua própria natureza[...]".

Agora é o momento de a sociedade seguir o exemplo do deus franciscano/nominalista, e retirar-se. Peter Drucker, esse Guilherme de Ockham e Pico della Mirandola da era do capitalismo "líquido moderno", resumiu o novo saber, de acordo com o espírito da época: "Não mais salvação pela sociedade". Cabe aos indivíduos humanos construírem o argumento "segundo seu desejo e juízo"; provarem esse argumento e defendê-lo contra os defensores de outros argumentos. Não há como invocar os veredictos da sociedade (última das autoridades que o

Muitas culturas, uma humanidade?

ouvido moderno quer ouvir) para apoiar o argumento: em primeiro lugar, a invocação não tem credibilidade, pois os veredictos — se houverem — são desconhecidos e destinados a assim ficarem; em segundo, uma coisa que se sabe com certeza sobre os veredictos da sociedade é que eles não se destinam a durar e que não há maneira de saber para que lado penderão em seguida; e, em terceiro, como o Deus medieval a "sociedade é indiferente ao bem e ao mal".

É só quando se supõe que a sociedade tem tal natureza que o "multiculturalismo" funciona. Se a "sociedade" não tem preferências além daquelas que os homens, individualmente ou em conjunto, transformam em suas próprias preferências, não há maneira de saber se uma preferência é melhor do que outra. Comentando o apelo de Charles Taylor para aceitar e respeitar as diferenças entre culturas escolhidas comunitariamente, Fred Constant[10] observou que seguir esse apelo é uma faca de dois gumes: reconhece-se o direito à *indiferença,* junto com o direito à diferença. Acrescente-se que, enquanto o direito à diferença é assegurado aos outros, são em geral aqueles que asseguram esse direito que usurpam para si o direito à indiferença — o direito de abster-se de julgar. Quando a tolerância mútua se junta à indiferença, as culturas comunitárias podem viver juntas, mas raramente conversam entre si, e se o fazem costumam usar o cano das armas como telefone. Num mundo

Comunidade

de "multiculturalismo" as culturas podem coexistir, mas é difícil que se beneficiem de uma vida compartilhada.

Constant pergunta: seria o pluralismo cultural um valor em si mesmo, ou seu valor deriva da sugestão (e da esperança) de que ele pode melhorar a qualidade da existência compartilhada? Não fica logo claro qual das duas respostas o programa multiculturalista prefere; a pergunta está longe de ser retórica, e a escolha entre as respostas precisaria saber melhor o que se entende por "direito à diferença". Esse direito também admite duas interpretações, que diferem drasticamente em suas consequências.

Uma interpretação implica a solidariedade dos exploradores: enquanto nós todos, isolada ou coletivamente, embarcamos na busca da melhor forma de humanidade, pois todos desejaríamos eventualmente valer-nos dela, cada um de nós explora um caminho diferente e traz de suas expedições descobertas um tanto diferentes. Nenhuma das descobertas pode ser declarada a priori como sem valor, e nenhum esforço honesto de achar a melhor forma para a humanidade comum pode ser descartada de antemão como equivocada e não merecedora de atenção. Ao contrário: a diversidade das descobertas aumenta a chance de que poucas das muitas possibilidades humanas passem despercebidas e deixem de ser tentadas. Cada descoberta pode beneficiar todos os exploradores, qualquer que tenha sido

Muitas culturas, uma humanidade?

o caminho tomado. Isso não quer dizer que todas as descobertas tenham o mesmo valor; mas seu verdadeiro valor só poderá ser estabelecido através de um longo diálogo, em que todas as vozes poderão ser ouvidas e comparações bem-intencionadas e de boa-fé poderão ser feitas. Em outras palavras, o reconhecimento da variedade cultural é o começo, e não o fim da questão; não passa de um ponto de partida de um longo e talvez tortuoso *processo político*, mas no limite benéfico.

Um verdadeiro processo político, consistindo em diálogo e negociação e tendo por objetivo um acordo, seria esvaziado e impossibilitado se, desde o início, fosse suposta a superioridade de alguns contendores e a inferioridade de outros. Mas também acabaria por se deter antes de começar se a segunda interpretação da pluralidade cultural fosse preferida: isto é, se supuséssemos (como o programa "multiculturalista" em sua versão mais comum supõe, aberta ou tacitamente) que cada diferença existente é digna de ser perpetuada justamente por ser uma diferença.

Charles Taylor[11] corretamente rejeita esta segunda possibilidade:

o respeito pela igualdade requer mais do que a presunção de que mais estudo há de nos fazer ver as coisas dessa maneira, como os méritos iguais dos costumes e criações de outras

Comunidade

culturas [...]. Dessa forma a demanda de reconhecimento igual é inaceitável.

Mas então Taylor torna sua recusa dependente da afirmação que a questão do mérito relativo das escolhas culturais precisa ser deixada a *estudos adicionais*: "a última coisa que queremos a esta altura dos intelectuais centrados na Europa são julgamentos positivos do merecimento de culturas que não tenham estudado intensamente". O reconhecimento do valor permanece firme nos escritórios dos intelectuais. E, seguindo a natureza das progressões acadêmicas, seria tão errado quanto bizarro esperar um julgamento ponderado sem um "projeto" primeiro desenhado e depois executado *sine ira et studio.* "Na análise, encontraremos, ou não, algo de grande valor na cultura C." Somos, contudo, nós, ocupantes dos assentos acadêmicos, que podemos chegar às descobertas. Taylor censura os intelectuais "multiculturalisticamente" predispostos por traírem sua vocação acadêmica, quando deveria censurá-los por fugirem aos deveres do *homo politicus,* membro da *polis.*

Taylor sugere que nos casos em que pensamos saber que certa cultura tem méritos em si mesma e é, portanto, digna de perpetuação, não deve restar dúvida de que a diferença expressa por uma comunidade dada precisa ser preservada para o futuro, e assim os direitos dos indivíduos atualmente vivos para fazer escolhas que poderiam lançar dúvidas sobre essas diferenças no futuro devem ser restringidos. Obrigando seus habitantes a mandarem os filhos para escolas francófonas, o Quebec — de nenhuma maneira exótico e misterioso, mas um exemplo bem estudado e conhecido — dá a Taylor um padrão do que pode (ou deve) ser feito em tais casos:

> Não é só tornar disponível a língua francesa para aqueles que podem preferi-la [...]. Também implica assegurar que haja aqui uma comunidade de pessoas que queira valer-se no futuro da oportunidade de usar a língua francesa. Políticas que miram a sobrevivência empenham-se em *criar* membros da comunidade, por exemplo, assegurando que as gerações futuras continuem a se identificar como de fala francesa.

O Quebec é um caso "brando" (diríamos inócuo), o que torna a suposição de seu valor geral mais fácil. A validade do exemplo seria mais difícil de sustentar fosse outro o símbolo escolhido de distinção e separação cultural — um símbolo que, ao contrário da diferença da língua francesa (ou qualquer outra língua), nós, os "intelectuais centrados na Europa", poliglotas que somos embora gostemos de nossos habituais usos e costumes, detestássemos e do qual preferíssemos nos manter à distância, escondendo-nos por trás de

Comunidade

projetos de pesquisa ainda não realizados ou inacabados. A generalização também pareceria muito menos convincente se lembrássemos que a língua francesa, no caso do Quebec, não é mais que um membro, e um membro caracteristicamente benigno, de uma grande família de símbolos, a maioria dos quais consideravelmente mais malignos, que tendem a ser usados por comunidades em todo o mundo para manter em suas fileiras os membros vivos e para "criar novos membros" (isto é, obrigar os recém-nascidos dos ainda não nascidos a permanecerem nas fileiras, predeterminando assim suas escolhas e perpetuando a separação comunitária); outros membros dessa família são, por exemplo, a circuncisão feminina ou os barretes rituais para os escolares. Se pensarmos nisso, estaremos prontos a aceitar que, por mais que devamos respeitar o direito de uma comunidade à proteção contra forças assimiladoras ou atomizadoras administradas pelo Estado ou pela cultura dominante, devemos também respeitar o direito dos indivíduos à proteção contra pressões comunitárias que negam ou suprimem a escolha. Os dois direitos são notoriamente difíceis de conciliar e de respeitar ao mesmo tempo, e a pergunta que enfrentamos diariamente e a que devemos responder diariamente é como proceder quando eles se chocam. Qual dos dois direitos é o mais forte — forte o bastante para anular ou pôr de lado as demandas que invocam o outro?

Muitas culturas, uma humanidade?

Respondendo à interpretação de Charles Taylor sobre o direito ao reconhecimento, Jürgen Habermas[12] traz para o debate um outro valor, o "estado constitucional democrático", que está ausente da argumentação de Taylor. Se concordamos que o reconhecimento da diversidade cultural é o direito e ponto de partida apropriado para qualquer discussão sensata dos valores humanos compartilhados, devemos também concordar que o "estado constitucional" é o único referencial para tal debate. Para deixar mais claro o que está contido na noção, eu preferiria falar de "república", ou, seguindo Cornelius Castoriadis, de "sociedade autônoma". Uma sociedade autônoma é inconcebível sem a autonomia de seus membros; uma república é inconcebível sem os direitos assegurados ao indivíduo. Essa consideração não resolve necessariamente o problema dos direitos conflitantes da comunidade e do indivíduo, mas torna evidente que sem a prática democrática de indivíduos livres para manifestar-se o problema não pode ser enfrentado, e muito menos resolvido. A proteção do indivíduo contra a demanda de conformidade da comunidade pode não ser uma tarefa "naturalmente" superior à da tentativa de sobrevivência da comunidade como entidade separada. Mas a proteção do cidadão individual da república das pressões *tanto* não comunitárias *quanto* comunitárias é uma condição preliminar à realização de qualquer das duas tarefas.

Como diz Habermas,

Uma teoria dos direitos bem compreendida requer uma política de reconhecimento que proteja a integridade do indivíduo nos contextos da vida em que sua identidade se forma [...]. Tudo o que é preciso é a realização consistente do sistema de direitos. Isso seria pouco provável, é certo, sem movimentos sociais e lutas políticas [...].

O processo de realizar os direitos faz parte, na verdade, de contextos que requerem tais discursos como componentes importantes da política — discussão sobre uma concepção compartilhada do bem e de uma forma de vida reconhecida como autêntica.

A universalidade da cidadania é a condição preliminar de qualquer "política de reconhecimento" significativa. E, acrescento: a universalidade da humanidade é o horizonte pelo qual qualquer política de reconhecimento precisa orientar-se para ser significativa. A universalidade da humanidade não se opõe ao pluralismo das formas de vida humana; mas o teste de uma verdadeira humanidade universal é sua capacidade de dar espaço ao pluralismo e permitir que o pluralismo sirva à causa da humanidade — que viabilize e encoraje "a discussão contínua sobre as condições compartilhadas do bem". Tal teste só pode ser

Muitas culturas, uma humanidade?

superado se se realizarem as condições de vida republicana. Como diz Jeffrey Weeks,[13] o argumento que procuramos sobre os valores comuns requer a "ampliação das oportunidades de vida e a maximização da liberdade individual":

> Não há agente social privilegiado para atingir os fins; somente a multiplicidade das lutas locais contra o peso da história e as várias formas de dominação e subordinação. A contingência e não o determinismo é que está subjacente ao nosso presente complexo.

A visão da indeterminação sem dúvida é desanimadora. Mas também pode levar a um maior esforço. Uma reação possível à indeterminação é a "ideologia do fim da ideologia" e a prática do desengajamento. Outra, também razoável mas muito mais promissora, é a suposição de que em nenhum outro momento a busca ardente de uma humanidade comum, e a prática que se segue a essa suposição, foi tão imperativa quanto hoje.

Fred Constant cita Amin Maalouf, escritor franco-libanês radicado na França, que fala da questão das reações das "minorias étnicas" ou dos imigrantes às pressões culturais cruzadas a que são submetidos no país de escolha. A conclusão de Maalouf é que quanto mais os imigrantes sentirem que seu saber cultural original é respeitado no novo lar, e quanto menos sentirem que por causa de sua identidade diferente são malquistos, afastados, ameaçados ou discriminados — tanto mais abertos serão às oportunidades culturais do país de adoção e menos convulsivamente se aferrarão a suas próprias e diferentes maneiras de ser. Essa é uma visão crucial para as possibilidades de um diálogo entre culturas. Ela aponta uma vez mais para o que já percebemos antes: para a relação próxima entre o grau de segurança, de um lado, e a "desativação" da questão da pluralidade cultural, com uma superação da separação cultural e a aceitação de fazer parte da busca por uma humanidade comum, de outro.

A insegurança (tanto entre os imigrantes quanto na população nativa) tende a transformar a multiculturalidade num "multicomunitarismo". Diferenças culturais profundas ou irrisórias, visíveis ou quase despercebidas, são usadas na frenética construção de muralhas defensivas e de plataformas de lançamento de mísseis. "Cultura" vira sinônimo de fortaleza sitiada, e numa fortaleza sitiada os habitantes têm que manifestar diariamente sua lealdade inquebrantável e abster-se de quaisquer relações cordiais com estranhos. A "defesa da comunidade" tem que ter precedência sobre todos os outros compromissos. Sentar-se à mesma mesa com "estranhos", estar em sua companhia nos mesmos lugares, para não falar em enamorar-se ou casar fora dos limites da

Muitas culturas, uma humanidade?

comunidade, são sinais de traição e razões para ostracismo e degredo. Comunidades assim construídas viram expedientes que objetivam principalmente a perpetuação da divisão, da separação e do isolamento.

A segurança é a inimiga da comunidade cercada de muros e protegida por cercas. O sentimento de segurança faz com que o temível oceano que serve de obstáculo entre "nós" e "eles" mais pareça uma piscina convidativa. O apavorante precipício entre a comunidade e seus vizinhos mais parece uma trilha para vaguear/passear/andar aberta a aventuras agradáveis. Compreensivelmente, os defensores do isolamento comunitário tendem a ficar imunes aos sintomas de que os temores que assolam a comunidade estão se dissipando; conscientes ou não, desenvolveram interesses pelas armas inimigas apontadas para sua própria comunidade. Quanto maior a ameaça e mais profunda a insegurança, tanto mais cerradas as fileiras de defensores e maior a probabilidade de que assim permaneçam num futuro previsível.

A segurança é uma condição necessária do diálogo entre culturas. Sem ela, há pouca chance de que as comunidades venham a abrir-se umas às outras e a manter uma conversa que venha a enriquecê-las e a estimular a humanidade de sua união. Com ela, as perspectivas da humanidade parecem brilhar.

Comunidade

A segurança em questão é, porém, um problema maior do que a maioria dos defensores do multiculturalismo, em combinação tácita (ou inadvertida) com os pregadores do isolamento comunitário, está disposta a admitir. O estreitamento da questão da insegurança endêmica às ameaças genuínas ou putativas à singularidade comunitária é um erro que desvia a atenção a suas verdadeiras fontes. Hoje em dia, a comunidade é procurada como abrigo contra as sucessivas correntezas de turbulência global — correntezas originadas em lugares distantes que nenhuma localidade pode controlar por si só. As fontes da irresistível sensação de insegurança estão profundamente imbricadas na crescente distância entre a condição de "individualidade de jure" e a tarefa de obter a "individualidade de facto". A construção de comunidades cercadas nada faz para diminuir essa distância, mas tudo para dificultar (até impossibilitar) essa diminuição. Em lugar de mirar às fontes da insegurança, afasta delas a atenção e a energia. Nenhum dos contendores ganha em segurança na guerra contínua entre "nós e eles"; todos, porém, viram alvos fáceis para as forças globalizantes — as únicas forças que se beneficiam com a suspensão da procura por uma humanidade comum e com o controle conjunto sobre a condição humana.

· Posfácio ·

Sentimos falta da comunidade porque sentimos falta de segurança, qualidade fundamental para uma vida feliz, mas que o mundo que habitamos é cada vez menos capaz de oferecer e mais relutante em prometer. Mas a comunidade continua teimosamente em falta, escapa ao nosso alcance ou se desmancha, porque a maneira como o mundo nos estimula a realizar nossos sonhos de uma vida segura não nos aproxima de sua realização; em lugar de ser mitigada, nossa insegurança aumenta, e assim continuamos sonhando, tentando e fracassando.

A insegurança afeta a todos nós, imersos que estamos num mundo fluido e imprevisível de desregulamentação, flexibilidade, competitividade e incerteza, mas cada um de nós sofre a ansiedade por conta própria, como problema privado, como resultado de falhas pessoais e como desafio ao nosso *savoir-faire* e à nossa agilidade. Somos convocados, como observou Ulrich Beck com acidez, a buscar soluções biográficas para contradições sistêmicas; procuramos a salvação

Comunidade

individual de problemas compartilhados. Essa estratégia provavelmente não dará o resultado que perseguimos, pois deixa intactas as raízes da insegurança; além disso, é precisamente essa dependência de nosso saber e recursos individuais que produz no mundo a insegurança da qual queremos escapar.

Quando, pela janela de um trem parado, vemos o trem na plataforma seguinte se mover, às vezes imaginamos que o nosso trem é que se move. Em outro caso de ilusão de ótica, é o nosso próprio eu que acreditamos afastar-se da turbulência como único ponto fixo em meio a um mundo volátil em que todas as partes aparentemente sólidas aparecem e desaparecem, mudando de forma e de cor a cada vez que as olhamos. Nosso corpo e nossa alma têm uma expectativa de vida mais longa do que qualquer outra coisa neste mundo; sempre que procuramos a certeza, investir na autopreservação parece ser a melhor opção. E por isso tendemos a procurar remédio para o desconforto da insegurança numa busca de proteção, isto é, com a integridade de nosso corpo e de todas suas extensões e trincheiras avançadas — nossa casa, nossas posses, nosso bairro. À medida que o fazemos, começamos a suspeitar dos outros à nossa volta, e em especial dos estranhos entre eles, portadores e corporificações do não previsto e do imprevisível. Os estranhos são a falta de proteção encarnada e assim, por extensão, da insegurança que assombra nossas vidas. De uma maneira bizarra e ao mesmo tempo perversa, sua presença é um conforto: os temores difusos e esparsos, difíceis de apontar e nomear, ganham um alvo visível, sabemos onde estão os perigos e não precisamos mais aceitar os golpes do destino placidamente. No fim, há algo que podemos fazer.

É difícil (e no limite degradante) preocupar-se com ameaças que não se pode nomear e muito menos enfrentar. As fontes da insegurança estão ocultas e não aparecem nos mapas, de modo que não podemos situá-las com precisão. Mas as ameaças, essas substâncias estranhas que botamos na boca, ou os estranhos que passam, sem ser convidados, pelas ruas conhecidas por onde andamos, são bem visíveis. Estão todos, por assim dizer, ao nosso alcance, e assim podemos pensar que podemos afastá-los ou "desintoxicar-nos".

Não é, então, por acaso que, exceto pelos escritores de livros acadêmicos e alguns políticos (em geral políticos fora do poder), ouçamos pouco sobre "insegurança existencial" ou "incerteza ontológica". Em lugar disso, ouvimos muito e em toda parte sobre as ameaças ao que protege as ruas, casas e corpos, e o que ouvimos parece concordar com nossa experiência cotidiana, com as coisas que vemos com nossos próprios olhos. A demanda de livrar a comida que comemos dos ingredientes prejudiciais e potencialmente letais que pode conter e a demanda de livrar as ruas por onde andamos dos estranhos inescrutáveis e também potencialmente letais são as que mais se ouvem quando se fala das maneiras de

Comunidade

melhorar a vida, e também as que parecem as mais críveis, em verdade evidentes. Agir de maneira a não atender a essas demandas é o que preferimos chamar de crime, cuja punição desejamos, e quanto mais severa, melhor.

Antoine Garapon, o estudioso francês das leis, observou que enquanto os malfeitos cometidos "no andar de cima", dentro dos escritórios das grandes corporações supranacionais, ficam ocultos — e se aparecem, momentaneamente, à vista do público são mal compreendidos e recebem pouca atenção —, o clamor público chega ao máximo e ao mais vingativo quando se trata de danos provocados aos corpos humanos. O tabagismo, ofensas sexuais e excesso de velocidade, as três injúrias condenadas com maior veemência pela opinião pública e para as quais há demanda de punição mais dura, se conectam estritamente pelo medo da falta de proteção ao corpo. Philippe Cohen, em seu muito aclamado desafio às elites políticas, num livro apropriadamente intitulado *Proteger ou sumir*, aponta a "violência urbana" entre as três causas principais da ansiedade e da infelicidade (ao lado do desemprego e da velhice desamparada). No que diz respeito à percepção pública, a crença em que a vida urbana está eivada de perigos e em que livrar as ruas dos ostensivos e ameaçadores estranhos é a mais urgente das medidas destinadas a restaurar a segurança que falta aparece como verdade evidente por si mesma, que não precisa de provas e nem admite discussões.

Posfácio

Em sua excelente investigação sobre o significado de "vida em comum" na cidade contemporânea, Henning Bech observa que, como as cidades em que a maioria de nós vivemos nestes dias são "conjuntos grandes, densos e permanentes de seres humanos heterogêneos em circulação", lugares em que estamos fadados a vaguear numa "grande multidão de estranhos diversos em contínua mudança", tendemos a "nos tornar *superfícies* para os outros — pela simples razão de que essa é a única coisa que uma pessoa pode notar no espaço urbano com grande quantidade de estranhos". O que vemos "na superfície" é a única medida disponível para avaliar um estranho. O que vemos pode prometer prazer, mas também pode anunciar perigo; quando apenas superfícies se encontram (e sempre "de passagem") há poucas chances de negociar e descobrir o que é o quê. E a arte de viver numa multidão de estranhos impede que essa chance se materialize — deter o encontro antes que ele mergulhe além da superfície é o mais comum dos estratagemas.

Em nossos tempos civilizados dispensamos os estigmas, sinais de infâmia ou chapéus de burro que nos advirtam quando e de quem manter distância, mas temos vários substitutos que fazem exatamente isso. As superfícies são inteiramente marcadas por eles — há muitos deles para assegurar que poderemos interpretá-los. À medida que a multidão urbana se torna cada vez mais diversificada, a chance de encontrar os equivalentes modernos da marca a fogo também aumenta; e também aumenta a suspeita de que podemos ser muito lentos ou ineptos para ler as mensagens contidas nas figuras pouco familiares. Assim, temos razões para ter medo, e então só falta um passo para projetar nosso medo nos estranhos que os provocaram, e para condenar a vida urbana por ser perigosa: perigosa por causa de sua diversidade.

Se pelo menos a cidade pudesse ser livrada da diversidade que é excessivamente rica e ampla para ser assimilada e transmitir segurança, deixando variedade suficiente para manter a cidade tão atraente e cheia de aventuras agradáveis — para poupar um pouco desse sal da vida sem o qual nós, os modernos, não podemos passar... Como o desejo de guardar o bolo e comê-lo, esses dois desejos se contradizem. E no entanto os tipos mais populares (e sedutores) de projetos comunitários prometem realizá-los de uma só vez. E é por essa razão que eles mesmos são irrealizáveis.

A atração da comunidade dos sonhos comunitários se funda na promessa da simplificação: levada a seu limite lógico, simplificação quer dizer muita mesmice e um mínimo de diversidade. A simplificação oferecida só pode ser atingida pela separação das diferenças: reduzindo a probabilidade de que se encontrem e estreitando o alcance da comunicação. Esse tipo de unidade comunitária se funda na divisão, na segregação e na manutenção das distâncias.

Posfácio

Essas são as virtudes que figuram com destaque nos folhetos de propaganda dos abrigos comunitários.

Dado que essa insegurança, mediada pela canalização da ansiedade para cuidados com a proteção, é a causa principal da aflição para a qual o comunitarismo deveria ser o remédio — a comunidade do projeto comunitário só pode exacerbar a condição que promete corrigir. E o fará injetando mais força nas pressões atomizantes que foram, e continuam a ser, a fonte mais abundante da insegurança. Esse tipo de ideia comunitária também é o culpado de endossar e sancionar a escolha da proteção como lugar de confronto com as forças da dissensão e da insegurança — cooperando assim com o afastamento do interesse público em relação às verdadeiras fontes contemporâneas da ansiedade.

No curso desse tipo de articulação do propósito e da função da comunidade, os outros aspectos da comunidade que faltam à vida contemporânea (aqueles diretamente relevantes para as fontes dos problemas atuais) tendem a não ser tematizados e, portanto, a não entrar na agenda. As duas tarefas que deveriam ser invocadas pela comunidade para enfrentar diretamente as patologias da sociedade atomizada de hoje num campo de batalha verdadeiramente relevante são a igualdade dos recursos necessários para transformar o destino dos indivíduos de jure em indivíduos de facto, e um seguro coletivo contra incapacidades e infortúnios

Comunidade

individuais. O valor da comunidade original, quaisquer que fossem seus deméritos, residia nessas duas intenções. O pensamento único de nossa desregulamentada sociedade de mercado abandona essas tarefas e abertamente as declara contraproducentes — mas os pregadores da comunidade, inimigos declarados desse tipo de sociedade, relutam em correr em defesa das tarefas abandonadas.

Somos todos interdependentes neste nosso mundo que rapidamente se globaliza, e devido a essa interdependência nenhum de nós pode ser senhor de seu destino por si mesmo. Há tarefas que cada indivíduo enfrenta, mas com as quais não se pode lidar individualmente. O que quer que nos separe e nos leve a manter distância dos outros, a estabelecer limites e construir barricadas, torna a administração dessas tarefas ainda mais difícil. Todos precisamos ganhar controle sobre as condições sob as quais enfrentamos os desafios da vida — mas para a maioria de nós esse controle só pode ser obtido *coletivamente*.

Aqui, na realização de tais tarefas, é que a comunidade mais faz falta; mas também aqui reside a chance de que a comunidade venha a se realizar. Se vier a existir uma comunidade no mundo dos indivíduos, só poderá ser (e precisa sê-lo) uma comunidade tecida em conjunto a partir do compartilhamento e do cuidado mútuo; uma comunidade de interesse e responsabilidade em relação aos direitos iguais de sermos humanos e igual capacidade de agirmos em defesa desses direitos.

· Notas ·

1. A agonia de Tântalo *(pp. 15-33)*

1. Ferdinand Tönnies, *Community and Society*. Trad. Charles P. Loomis. Nova York: Harper, 1963, pp. 47, 65, 49.

2. Robert Redfield, *The Little Community* e *Peasant Society and Culture*. Chicago: University of Chicago Press, 1971, pp. 4 e ss.

3. Eric Hobsbawm, *The Age of Extremes*. Londres: Michael Joseph, 1994, p. 428.

4. Id., "The Cult of Identity Politics". *New Left Review*, v. 217, 1996, p. 40.

5. Jock Young, *The Exclusive Society*. Londres: Sage, 1999, p. 164.

6. Jonathan Friedman, "The Hibridization of Roots and the Abhorrence of the Bush", in Mike Featherstone e Scott Lasch (Orgs.). *Spaces of Culture*. Londres: Sage, 1999, p. 241.

7. Stuart Hall, "Who Needs 'Identity'?", in Stuart Hall e Paul du Gay (Orgs.). *Questions of Cultural Identity*. Londres: Sage, 1996, p. 1.

8. Walter Benjamin, *Illuminations*. Org. Hannah Arendt. Nova York: Schocken, 1969, p. 257.

2. A reinserção dos desenraizados *(pp. 34-57)*

1. Jean-Paul Fitoussi e Pierre Rosanvallon, *Le Nouvel Âge des inéqualités*. Paris: Seuil, 1996, p. 32.

Comunidade

2. Sigmund Freud, *The Future of an Illusion*. Trad. W. D. Robson-Scott. Londres: Hogarth Press, 1973, pp. 3-6.
3. Throstein Veblen, *The Theory of the Leisure Class: An Economic Study of Institutions*. Nova York: Random House, [s. d.], pp. 15, 93.
4. John Stuart Mill, *Principles of Political Economy.* Londres: John W. Parker and Son, [s. d.], v. 4, cap. 7.
5. John Foster, *Class Struggle and the Industrial Revolution*. Londres: Wedenfeld and Nicolson, 1974, p. 33.

3. Tempos de desengajamento ou a grande transformação, segundo tempo *(pp. 58-71)*

1. Richard Sennett, *The Corrosion of Character: The Personal Consequences of Work in the New Capitalism*. Nova York: Norton, 1998, pp. 42-3.
2. Ibid., p. 45.
3. Ibid., pp. 20-1.
4. Maurice R. Stein, *The Eclipse of Community: An Interpretation of American Studies*. 2. ed. Nova York: Harper and Row, 1965, p. 329.

4. A secessão dos bem-sucedidos *(pp. 72-82)*

1. Richard Rorty, *Achieving Our Country: Leftist Thought in Twentieth-Century America*. Cambridge: Harvard University Press, 1998, pp. 86-7.
2. Dick Pountain e David Robins, "Too Cool to Tare", excerto do livro a sair *Cool Rules: Anatomy of an Attitude*, citado a partir de *The Editor*, 11 fev. 2000, pp. 12-3.
3. Sören Kierkegaard, *Either/Or*. Trad. David F. Swenson e Lilian Marvin Swenson (Princeton: Princeton University Press, 1994); citado a partir de David L. Norton e Mary F. Kille (Orgs.), *Philosophies of Love* (Totowa: Helix Books, 1971), pp. 45-8.
4. "The Cultural Globalization Project", *Insight*, primavera 2000, pp. 3-5.

Notas

5. Duas fontes do comunitarismo *(pp. 83-103)*

1. Geoff Dench, *Minorities in the Open Society: Prisoners of Ambivalence*. Londres: Routledge and Kegan Paul, 1986, cap. 10.
2. Ulrich Beck, *World Risk Society*. Cambridge: Polity Press, 1999, p. 2.
3. Richard Rorty, *Achieving Our Country: Leftist Thought in Twentieth-Century America*. Cambridge: Harvard University Press, 1998, pp. 76-7, 79, 83.
4. Ivan Klima, *Between Security and Insecurity*. Trad. Gerry Turner. Londres: Thames and Hudson, 1999, pp. 20, 27-8, 44.
5. Émile Durkheim, *Les Règles de la méthode sociologique*. 11. ed. (1950), p. 122, aqui citada na tradução de Anthony Giddens, *Emile Durkheim: Selected Writings* (Cambridge: Cambridge University Press, 1972), p. 100.

6. Direito ao reconhecimento, direito à redistribuição *(pp. 104-24)*

1. Jonathan Friedman, "The Hybridization of Roots and the Abhorrence of the Bush", in Mike Featherstone e Scott Lasch (Orgs.). *Spaces of Culture*. Londres: Sage, 1999, pp. 239, 241.
2. Nancy Fraser, "Social Justice in the Age of Identity Politics: Redistribution, Recognition, and Participation", in Detlev Claussen e Michael Werz (Orgs.). *Kritische Theorie der Gegenwart*. Hanover: Institut für Soziologie and der Universität Hannover, 1999, pp. 37-60.
3. Ver Bruno Latour, "Ein Ding ist ein Thing". *Concepts and Transformations*, v. 1-22 (1998), pp. 97-111.
4. Cornelius Castoriadis, "Done and To Be Done", in *Castoriadis Reader*. Trad. David Ames Curtis. Oxford: Blackwell, 1997, pp. 400, 414, 397-8.
5. Harvie Ferguson, *The Science of Pleasure*. Londres: Routledge, 1990, pp. 199, 247.
6. Jacques Ellul, *Métamorphose du bourgeois*. Paris: La Table Ronde, 1998, pp. 81, 91, 94.
7. Max Weber, *The Theory of Social and Economic Organization* (parte 1 de *Wirtschaft und Gesellschaft*, trad. A. R. Henderson e Tal-

cott Parsons); citado a partir de *Max Weber: The Interpretation of Social Reality*, org. J. E. T. Eldridge (Londres: Nelson, 1971), pp. 87, 90.

8. Loïc Wacquant, *Les Prisons de la misère*. Paris: Raisons d'Agir, 1999, p. 70.

9. Richard Rorty, *Achieving Our Country: Leftist Thought in Twentieth-Century America*. Cambridge: Harvard University Press, 1998, pp. 83-4.

7. Da igualdade ao multiculturalismo *(pp. 125-52)*

1. Geoff Dench, *Minorities in the Open Society: Prisoners of Ambivalence*. Londres: Routledge and Kegan Paul, 1986, pp. 23-6, 156, 184.

2. Jeffrey Weeks, *Making Sexual History*. Cambridge: Polity Press, 2000, pp. 182, 240-3.

3. Saskia Sassen, "The Excesses of Globalization and the Feminization of Survival", *Paralax*, jan. 2001.

4. Geoff Dench, *Maltese in London: A Case Study in the Erosion of Ethnic Consciousness*. Londres: Routledge and Kegan Paul, 1975, pp. 158-9.

5. Richard Rorty, *Achieving Our Country: Leftist Thought in Twentieth-Century America*. Cambridge: Harvard University Press, 1998, p. 88.

6. Alain Touraine, "Faux et Vrais Problèmes", in *Une Société fragmentée? Le Multiculturalisme en débat*. Paris: La Découverte, 1997.

8. O nível mais baixo: O gueto *(pp. 153-71)*

1. Ver Paul Virilio, *Polar Inertia,* trad. Patrick Camiller (Londres: Sage, 1999).

2. Richard Sennett, "Growth and Failure: The New Political Economy and Its Culture", in Mike Featherstone e Scott Lash (Orgs.), *Spaces of Culture: City-Nation World*. Londres: Sage, 1999, p. 15.

3. Sharon Zukin, *The Culture of Cities*. Oxford: Blackwell, 1995, pp. 39, 38.

Notas

4. Loïc Wacquant, "'A Black City Within the White': Revisiting America's Dark Ghetto", *Black Renaissance*, v. 2.1, outono/inverno 1998, pp. 141-51.

5. Richard Sennett, *The Uses of Disorder: Personal Identity and City Life*. Londres: Faber, 1996, p. 194.

6. Loïc Wacquant, "Urban Outcasts: Stigma and Division in the Black American Ghetto and the French Urban Periphery". *International Journal of Urban and Regional Research*, v. 17.3, 1993, pp. 365-83.

7. Id., "Elias in the Dark Ghetto", *Amsterdam Sociologisch Tijdschrift*, v. 24.3-4, 1997, pp. 340-9.

8. Loïc Wacquant, "How Penal Common Sense Comes to Europeans: Notes on the Transatlantic Discussion of the Neoliberal *Doxa*", *European Societies*, v. 1.3, 1999, pp. 319-52.

9. Muitas culturas, uma humanidade? *(pp. 172-98)*

1. Ver Russell Jacoby, *The End of Utopia: Politics and Culture in an Age of Apathy* (Nova York: Basic Books, 1999).

2. Daniel Cohen, *Nos Temps modernes*. Paris: Flammarion, 1999, pp. 56, 60-1.

3. Alain Ehrenberg, *La Fatigue d'être*. Paris: Odile Jacob, 1998.

4. Robert Linhart, "L'Évolution de l'organisation du travail", in Jacques Kergouat et al. (Orgs.). *Le Monde du travail*. Paris: La Découverte, 1998.

5. Jean-Joseph Goux, *Symbolic Economies: After Marx and Freud*. Trad. Jennifer Curtiss Gage. Ithaca: Cornell University Press, 1990, pp. 200, 202.

6. Jacques Ellul, *Métamorphose du bourgeois*. Paris: La Table Ronde, 1998, p. 277.

7. Heather Höpfl, "The Melancholy of the Black Widow", in Kevin Hetherington e Rolland Munro (Orgs.), *Ideas of Difference*. Oxford: Blackwell, 1997, pp. 236-7.

8. Michael Allen Gillespie, "The Theological Origins of Modernity". *Critical Review*, v. 13.1-2, 1999, pp. 1-30.

9. *Portable Renaissance Reader*. Org. James Bruce Ross e Mary Martin McLoughlin. Nova York: Vicking, 1953, p. 478.

Comunidade

10. Fred Constant, *Le Multiculturalisme*. Paris: Flammarion, 2000, pp. 89-94.

11. Charles Taylor, "The Policy of Recognition", in Amy Gutman (Org.). *Multiculturalism*. Princeton: Princeton University Press, 1994, pp. 98-9, 88-9.

12. Jürgen Habermas, "Struggles for Recognition in the Democratic Constitutional Regime", in Amy Gutman (Org.). *Multiculturalism*, op. cit., pp. 125, 113.

13. Jeffrey Weeks, "Rediscovering Values", in Judith Squires (Org.), *Principled Positions*. Londres: Lawrence and Wishart, 1993, pp. 208-9.

Índice remissivo

A
Adão e Eva, 17-8
administração, 57, 64, 106, 126, 137, 179, 206
assimilação, 130-4
autoridade
 do número, 91, 95, 96
 dos expertos, 91

B
Ballard, J. G., 96
Barth, Frederick, 28
Bateson, Gregory, 145
Bech, Henning, 203
Beck, Ulrich, 86, 141, 199, 209
Benjamin, Walter, 30, 31
boa sociedade, 111, 152, 155
Bourdieu, Pierre, 61
Burnham, James, 58

C
capitalismo, 2, 45, 47, 52, 60, 74, 186
Castoriadis, Cornelius, 112, 193
celebridades, 95-7, 173; ver também ídolos
Christie, Neil, 168
círculo aconchegante, 19-20, 25, 93
Cohen, Daniel, 178, 211
Cohen, Philippe, 202

Collini, Stefan, 88
comunidade
 estética, 93, 94, 101, 102
 ética, 103, 110
 imaginária, 11, 141
 realmente existente,11-2, 25, 29, 134
comunidades-cabide, 28, 101
confiança, 2, 15, 27, 54, 90, 133, 138-41, 154, 170, 182
Constant, Fred, 187, 195, 212
cosmopolitismo, 80, 83
criminalização da pobreza, 167

D
Davis, Mike, 158
Dench, Geoff, 83, 125, 132, 144
desengajamento, 61, 72, 113, 120, 147, 149, 174, 176, 178, 184-5, 195
desperdício, 44, 181, 184
desregulamentação, 61, 137, 168, 199
direitos humanos,105, 107-8, 135
Don Giovanni, 76-8
Drucker, Peter, 186
Durkheim, Émile, 95, 99, 161

E
Ehrenberg, Alain, 178, 211
elite global, 78, 80, 87-90, 106, 149

Comunidade

Ellul, Jacques, 115, 182
emancipação, 25, 35, 37, 38, 42, 46, 47, 134
engajamento, 24, 35, 37-8, 42, 46-7, 134
entendimento, 11, 18-21, 23-25, 52
enxames, 176-7, 179
estranhos, 2, 8, 11, 29, 82, 96, 131, 144, 160, 161, 196, 200, 201, 202, 203, 204
ética do trabalho, 43, 46, 74
excesso, 174, 180-5, 202
extraterritorialidade, 72, 78-9, 86, 99

F
fábrica fordista, 56-7
felicidade, 16-8, 31, 97, 114-17, 202
Ferguson, Harvie, 115, 209
Fitoussi, Jean-Paul, 35
Ford, Henry, 51
Foster, John, 49
Fraser, Nancy, 108
Freud, Sigmund, 37-8
Friedman, Jonathan, 28, 106, 110, 148

G
Garapon, Antoine, 202
Giddens, Anthony, 38
Gillespie, Michael Allen, 185
globalização, 2, 79, 136, 151, 153
Guilherme de Ockham, 185-6

H
Habermas, Jürgen, 193
Hall, Stuart, 29
Heidegger, Martin, 19
hibridez, 83
Hobsbawm, Eric, 26, 207
homogeneidade, 23-4, 53, 128, 161-2
Honneth, Axel, 109
Höpfl, Heather, 182, 211
humanidade, 39, 113, 188, 194, 196-8

I
identidade, 97-100
ídolos, 97-100; *ver também* celebridades
individualização, 35-6, 120-1
insegurança, 26, 29, 35, 37, 62, 156, 158, 179, 196-201, 205

J
Jabès, Edmund, 66
Jacoby, Russell, 173, 211
justiça, 104-5, 108-10, 112-8, 120, 123-4, 148, 156

K
Kierkegaard, Sören, 76, 208
Klima, Ivan, 94, 209

L
Latour, Bruno, 110
liberalismo, 129-30
Linhart, Robert, 179

M
Maalouf, Amin, 195

Marx, Karl, 45, 58, 177-8
Mayo, Elton, 55
Menênio Agripa, 73
migração, 81, 142-3
Mill, John Stuart, 48, 50, 96, 180
minorias étnicas, 125-7, 133-4, 144, 195
modernidade líquida, 2, 110-1, 123, 169
Moore, Barrington, Jr., 113, 115
multiculturalismo, 150, 152, 172, 173, 184, 187-8, 198

N
nacionalismo, 128-30

P
Parsons, Talcott, 39
Pico della Mirandola, Giovanni, 186

Índice remissivo

pobreza, 89, 159, 165, 167
Polanyi, Karl, 45
Pountain, Dick, 74
privação relativa, 116, 120-1
progresso, 31-2, 38, 55, 115, 117, 128, 149, 156, 190

R
Redfield, Robert, 22-3, 25, 126
Reich, Robert, 72
Roberts, Yvonne, 69
Robins, David, 74
Rorty, Richard, 37, 72-3, 87-8, 122, 146, 148-9
Rosanvallon, Pierre, 35
Rosenberg, Göran, 19-20

S
Sassen, Saskia, 143
Sennett, Richard, 63-4, 153-4, 163
Simmel, Georg, 181
Stein, Maurice R., 70
Steiner, George, 99

T
Tântalo, 15-6

Taylor, Charles, 109, 187, 189, 193
Taylor, Frederick, 53, 55
Thomas, W. I., 141
Tocqueville, Alexis de, 49
Tönnies, Ferdinand, 18-20, 22-3, 25, 57
Touraine, Alain, 150
trabalho bem-feito, 44-6, 56

V
Veblen, Thorstein, 43
Virilio, Paul, 153

W
Wacquant, Loïc J. D., 161-2, 165, 167, 170
Weber, Max, 45, 53, 66, 118, 165
Weeks, Jeffrey, 138, 140, 195
Williams, Raymond, 10

Y
Young, Jock, 26

Z
Zukin, Sharon, 158

ESTA OBRA FOI COMPOSTA POR MARI TABOADA EM ADOBE GARAMOND PRO
E IMPRESSA EM OFSETE PELA GRÁFICA PAYM SOBRE PAPEL PÓLEN SOFT
DA SUZANO S.A. PARA A EDITORA SCHWARCZ EM FEVEREIRO DE 2022

A marca FSC® é a garantia de que a madeira utilizada na fabricação do papel deste livro provém de florestas que foram gerenciadas de maneira ambientalmente correta, socialmente justa e economicamente viável, além de outras fontes de origem controlada.